*Lezione individuale di Pianoforte tra didattica musicale e tecnicismi:
rappresentazione di un possibile dialogo metodologico*

Published by LULU Enterprices UK Ltd.

Lulu.com
3101 Hillsborough Street
Raleigh, NC 27607

ISBN 978-1-4710-5834-9

SALVATORE MIRENDA

LEZIONE INDIVIDUALE DI PIANOFORTE TRA DIDATTICA MUSICALE E TECNICISMI: RAPPRESENTAZIONE DI UN POSSIBILE DIALOGO METODOLOGICO

Saggio Didattico

...al mio maestro
Jan Kadłubiski

SOMMARIO

XI PREMESSA

1 I L'INSEGNANTE-EDUCATORE COME «BARO-
METRO DELLA NORMALITÀ»

3 LEZ. 1 Riflessioni pedagogico-didattiche su linee e
ombre dell'insegnamento strumentale

17 II LEZIONE DI SUCCESSO

19 LEZ. 2 *Input* motivazionale e interesse vivo

25 III CONOSCERE LE OPERE

27 LEZ. 3 La conoscenza è competenza

31 IV APPRENDIMENTO CONSAPEVOLE

33 LEZ. 4 Le buone abitudini consolidano i movimenti
efficaci

37 V RIDUZIONE DEL MATERIALE

39 LEZ. 5 Dalla complessità alla semplicità: il modello
puzzle

43   VI   PRODUZIONE DI SENSO

45   LEZ. 6   Fraseggio e Espressività

57   VII   SUONARE IL PIANOFORTE NON È UNA QUE-
             STIONE DI FORZA FISICA

59   LEZ. 7   Il problema del "suonare aritmicamente":
             niente sforzi!

65   CONCLUSIONI

69   BIBLIOGRAFIA

Scegli un modello di cui ti sono piaciuti la vita e le parole
e in
particolare il volto, che lascia trasparire l'animo;
additalo sempre a te stesso o come tuo custode o come
esempio.
Intendo dire che abbiamo bisogno di un uomo alla cui
insegna
possiamo regolare il nostro comportamento[1]
SENECA

Si impara spontaneamente a fuggire il fuoco, a cercare il
cibo, a parlare la lingua materna, ma a leggere e scrivere
no,
è necessario che qualcuno lo insegni[2]
J.TAFURI

---

[1] LUCIO ANNEO SENECA, *Lettere morali a Lucilio*, trad. it., FERNANDO SO-LINAS (a cura di), Milano, MONDADORI 1995, I, 12, 10.
[2] JOHANNELLA TAFURI, *L'educazione Musicale: Teorie, Metodi e Pratiche*, Torino, EDT 1995, p. 5.

PREMESSA

Le citazioni appena riportate rappresentano l'emblema di quello che è considerato l'obiettivo didattico generale del presente saggio, il cui intento principale mira a scandagliare le innumerevoli – quanto affascinanti – implicazioni pedagogiche che si vengono a creare in una situazione di apprendimento, quale può essere quella dell'insegnamento di uno strumento musicale.

Tale prospettiva, non priva di esempi tratti dall'esperienza concreta del "fare musica", sarà principalmente affrontata nei termini di un approccio strettamente individuale dell'insegnante-musicista, e attiene a quelle specificità del linguaggio musicale e dell'apprendimento della tecnica strumentale del pianoforte, le quali devono essere proposte con uno sguardo attento alla situazione educativa considerata come modello di apprendimento individuale.

Il modello di apprendimento individuale può essere comunemente rappresentato dalla relazione "maestro-allievo". Questa formula, che descrive un rapporto noto fin dai tempi più remoti[3] – attraverso il quale si realizza

---

[3] Un'illuminante visione dell'indispensabilità di una guida per arrivare alla conoscenza, la possiamo trovare nell'opera *La Divina Commedia* di Dante. Il poeta, infatti, nel suo lungo viaggio attraverso l'Inferno, il Purgatorio ed il Paradiso, si è fatto guidare da due figure importanti: il poeta Virgilio, emblema della ragione e della virtù filosofica, che dalle "*selve oscure*" dell'Inferno lo ha "traghettato" tra le acque purificatrici e rigeneratrici del Purgatorio, e Beatrice, simbolo di virtù e di fede, che lo condurrà nel regno della felicità eterna, il Paradiso.

Si riportano qui alcuni versi significativi:
«*Noi sem venuti al luogo ov'io t'ho detto,/Che tu vedrai le genti dolorose, Ch'hanno perduto il ben dello intelletto. E poiché la sua mano alla mia pose,*

una trasmissione di conoscenza – è la più complessa, in quanto pone tra loro, faccia a faccia, due individui diversi.

Nel panorama generale dei rapporti che s'instaurano all'interno di una relazione educativa, infatti, il ruolo dell'insegnante, nella duplice veste di didatta e educatore, assolve compiti quanto mai complessi. Tale figura professionale deve essere indirizzata verso concrete metodologie didattico-educative, volte al miglioramento e alla risoluzione delle problematiche connesse all'apprendimento.

Questo rapporto non dovrebbe mai essere basato su un metodo d'insegnamento di tipo "unidirezionale",[4] e cioè «trasmissivo-addestrativo, con il quale l'informazione è comunicata direttamente dall'insegnante per mezzo della lezione e l'acquisizione delle abilità avviene per addestramento ripetitivo e meccanico (si pensi alla ripetizione di un passaggio strumentale, sinché non se ne ha la completa padronanza)»,[5] bensì "multidirezionale",[6] il quale innesca un apprendimento di tipo «significativo», che si verifica «quando il nuovo materiale si collega ai concetti/abilità già acquisiti e organizzati dal soggetto. Si incorpora quindi in maniera ben connessa, dando luogo a un nuovo equilibrio generale del sistema conoscitivo».[7]

Negli studi di psicologia, secondo l'approccio cognitivista, apprendimento significa «cambiamento, che consi-

---

Con lieto volto, ond'io mi confortai, Mi mise dentro alle segrete cose»[Inferno, III, v.16-21].

«*O donna in cui la mia speranza vige, e che soffristi per la mia salute in inferno lasciar le tue vestige, di tante quant'i'ho vedute, dal tuo podere e da la tua bontate riconosco la grazie e la virtute. Tu m'hai di servo tratto a libertate per tutte quelle vie, per tutt'i modi che di ciò fare avei la potestate»*[Paradiso, XXXI, v. 79-87].

[4] Cfr. MAURIZIO SPACCAZZOCCHI, *Per una pedagogia dei bisogni dell'uomo in musica*, (*La figura dell'educatore nel progetto pedagogico uomo-musica*), in *Pedagogia della Musica: un panorama*, MARIO PIATTI (a cura di), Bologna, CLUEB 1994, p. 216.

[5] MAURIZIO DELLA CASA, *Educazione Musicale e Curricolo*, Bologna, ZANICHELLI 1985, p. 35.

[6] Cfr. MAURIZIO SPACCAZZOCCHI, op. cit., p. 216.

[7] MAURIZIO DELLA CASA, op. cit., p. 37.

ste sia nell'acquisizione di una informazione che prima mancava totalmente dal nostro bagaglio di conoscenze o di competenze, sia nel collegare tra loro conoscenze o competenze preesistenti in un modo da portare a una nuova competenza prima non presente».[8]

La relazione educativa con un approccio di questo tipo è quell'interazione che provoca, nelle persone che vi sono coinvolte, «un cambiamento inteso come maturazione verso una conquista progressiva di autonomia e libertà».[9]

Relativamente a questa argomentazione, riferita in senso generico al campo della musica, e in particolare all'ambito dell'insegnamento strumentale, bisogna precisare, come riferisce Anna Maria Freschi, che:

> questo è uno dei contesti educativi che più raramente sono stati interessati da riflessioni di carattere pedagogico e metodologico [...]. Tradizionalmente, infatti, nell'insegnamento strumentale l'attenzione si è concentrata da un lato sul talento, e quindi su qualcosa che non si può imparare, e dall'altro sull'addestramento e l'esercizio, i quali, autoriproducendosi per inerzia, non hanno granché bisogno di essere insegnati.[10]

In particolare, l'autore arriva a formulare un'ipotesi con cui ci si può trovare perfettamente in linea:

> la lezione di strumento sconta, quanto e più di altre situazioni educative, le conseguenze di un'idea meccanicista di conoscenza, intesa come un processo di rappresentazione e interiorizzazione di una realtà certa e oggettivamente data, e di una concezione dell'apprendimento quale progressiva acquisizione lineare e cumulativa dei singoli tasselli di tale realtà, acquisizione quantitativa che

---

[8] Citazione tratta da: GIULIANA MAZZONI, *L'apprendimento*, § 7.3. I: *L'approccio cognitivista, Una definizione di apprendimento: apprendimento come cambiamento*, in: *I processi cognitivi*, REMO JOB (a cura di), 5. ed., Roma, CAROCCI EDITORE 2005, pp. 314- 315.

[9] Cfr. JOHANNELLA TAFURI, op. cit., p. 17.

[10] Cfr. ANNA MARIA FRESCHI, introduzione ai saggi: *Insegnare uno strumento, Riflessioni e proposte metodologiche su linearità/complessità*, «*Quaderni della SIEM*», s. Didattica XVIII, Torino, EDT 2002, p. VII.

espunge da sé qualsiasi aspetto non misurabile (corporeità, affettività, emotività, ecc.).[11]

Poiché il nostro settore d'indagine possiede una stretta correlazione con l'esperienza senso-motoria, è utile focalizzare l'attenzione sull'aspetto neurologico dell'apprendimento. A tale proposito, «la ricerca più recente ha mostrato che, come per il linguaggio, la cognitività musicale (che comprende anche la motricità) è supportata dall'abilità umana di estrarre, immagazzinare, e manipolare un'ampia varietà di rappresentazioni strutturali astratte da complessi flussi di stimoli multidimensionali. Questa abilità cognitiva aumenta durante la vita come conseguenza dello sviluppo, dello studio e della pratica».[12]

La musica, come nessun altro tipo di arte, coinvolge il lato emozionale dell'uomo; dunque, il fattore psicologico gioca un ruolo fondamentale sia nel processo di interpretazione, sia in quello di apprendimento delle tecniche di esecuzione.

Non bisogna dimenticare, però, che l'acquisizione di abilità e conoscenze pratiche – utili, ad esempio, per suonare il pianoforte, ma ciò vale per ogni altro strumento musicale – fa riferimento al campo dell'arte, il cui linguaggio è estremamente ermetico. Conseguenza di ciò è la necessità di spendere molti anni della propria vita nello studio, che implica l'acquisizione di tutte quelle maestrie e competenze artistiche, che caratterizzano il campo dell'esecuzione musicale.

In particolare, Sandro Sorbi sottolinea che:

se studiare è necessario per apprendere, studiare bene – vale a dire lo studio rilevante e la pratica efficace – è difficile. Lo studio non è in genere inerentemente motivante (specialmente per i più giovani), né è facile praticarlo nel modo corretto. Di fatto gli apprendisti esecutori,

---

[11] ID. p.VIII.

[12] Citazione tratta da: SANDRO SORBI, *Come fa il cervello ad apprendere atti motori complessi?*, in «*Quaderni della SIEM*», s. Didattica XVIII, Torino, EDT 2002, p.17.

senza una adeguata e competente guida, tendono a utilizzare strategie che sono chiaramente inefficaci (quale per esempio ripetere più volte un intero pezzo senza lavorare sulle sezioni problematiche) o non studiando regolarmente».[13]

La conoscenza della tecnica strumentale, della natura e delle possibilità di uno strumento musicale, la capacità di leggere e di interpretare il messaggio del compositore e la formazione del buon gusto, costituiscono l'enormità della cultura e dell'informazione musicale personale, come base per lo sviluppo delle competenze esecutive ed interpretative.

È indispensabile evidenziare che tali abilità possono essere conquistate da chiunque, allorquando si abbia una guida attiva ed attenta, che non ostracizzi tale sviluppo, bensì lo agevoli e lo faccia fiorire, che si ponga come facilitatore e stimolatore di conoscenza, «in grado di accogliere la persona in tutte le sue molteplici forme di umana musicalità, per non nuocere,[14] per non assopire, ma veicolare la propria conoscenza, con piena coscienza pedagogica.[15]

Essendo ancora vivo in molti ambienti il concetto del cosiddetto "metodo di insegnamento", si tenterà di superarlo – nel corso della presente trattazione – utilizzando un approccio più puramente individuale: l'insegnante deve spendere il suo intero bagaglio di «saggezza umana e professionale»[16] per comunicare ciò che nell'epoca presente è – o dovrebbe essere – noto.

---

[13] *ivi* p.30.
[14] Si veda la particolare descrizione del ruolo dell'insegnante che non può esimersi dal commettere errori nello svolgimento della sua attività, fatta in MARISA ROSSINI, *Primo non nuocere ovvero professione insegnante*, Roma, Armando 1988.
[15] Cfr. MAURIZIO SPACCAZZOCCHI, op. cit., pp. 216-217.
[16] Citazione tratta da: LORIS MALAGUZZI, *I cento linguaggi dei bambini*, l'approccio di Reggio Emilia all'educazione dell'infanzia, a cura di C.EDWARDS, L.GANDINI, G.FORMAN, Bergamo, EDIZIONI JUNIOR 1999, p. 80.

La panoramica appena delineata, inerente alla situazione della didattica musicale e strumentale, con l'occhio rivolto alla relazione educativa intercorrente tra "il soggetto che veicola e quello che recepisce", si è resa indispensabile, in quanto nel presente saggio cercherò di evitare, volutamente, le insidie che attengono alla natura più puramente psicologica del rapporto "maestro-allievo", concentrandomi, invece, su alcuni aspetti della tecnica pianistica di base, che credo non debbano essere trascurati nella didattica del pianismo moderno.

Lungi dal voler dettare un ricettario di regole plastiche, ben definite, l'obiettivo principale del presente scritto, rimane pur sempre di carattere specificamente didattico-pedagogico, dove le osservazioni metodologiche e scientifiche, s'incastrano appieno con la pragmaticità del fare musica, intesa nella sua accezione più ovvia di linguaggio universale e testimonianza culturale viva.

Essendo, infatti, il nostro settore d'indagine correlato con l'arte della musica, potremmo addentrarci in complicate spiegazioni su cosa essa sia, o tentare di fornirne ulteriori definizioni, prendendo spunto dalle innumerevoli già esistenti che la permeano da secoli. In questo saggio, invece, si ritiene di volersi soffermare sulle sue significazioni antropologiche, mediante le quali la musica diviene: «suono umanamente organizzato»,[17] «suoni culturalmente significativi»,[18] in quanto «la musica, come tutti gli altri aspetti della cultura, è costruita in modo umano».[19]

Scriveva A. Schopenhauer:

---

[17] JOHN BLACKING, *Com'è musicale l'uomo*, Milano, UNICOPLI 1986, p. 33.

[18] ALAN P. MERRIAM, *Antropologia della musica*, Palermo, SELLERIO EDITORE 1983, p. 45.

[19] JEFF TODD. TITON, *Worlds of Music: An introduction to the Music of the World's Peoples*, New York, SCHIRMER BOOKS 1984, tr. it., *I Mondi della Musica. Le Musiche del Mondo*, TULLIA MAGRINI (a cura di), Bologna, ZANICHELLI 2003.

La musica è la vera lingua universale che viene compresa dovunque: perciò in tutti i paesi e attraverso tutti i secoli essa viene parlata, senza tregua, con grande impegno e zelo[...].[20]

Spetta a noi insegnanti l'onere ed il compito di renderla comprensibile ed accessibile a chiunque.

---

[20] Citazione tratta da: A. SCHOPENHAUER, *Parerga e Paralipomena*, MARIO CARPITELLA (a cura di), tr. it., MAZZINO MONTINARI, EVA AMENDOLA KUHN, Milano, GLI ADELPHI 1998, p. 568.

I

L'INSEGNANTE-EDUCATORE COME «BAROMETRO DELLA NORMALITÀ»[21]

Occorrono educatori che siano essi stessi educati,
spiriti superiori, nobili, provati tali in ogni
momento, provati tali dalla parola e dal silenzio
culture diventate mature, dolci – non i dotti
tangheri che il ginnasio e l'università offrono
oggi alla gioventù come «superiori nutrici»[22]

F.NIETZSCHE

L'abilità principale dell'insegnante sta nel
risvegliare la gioia nel creare e nel sapere[23]

A. EINSTEIN

---

[21] Sul significato di «barometro della normalità», Cfr. ALFRED ADLER, *La Psicologia Individuale nella scuola*, GASTONE CANZIANI (a cura di), titoli originali: *Individualpsychologie in der Schule, The Education of Children*, tr. it., ELVIRA LIMA e ADRIANA PIPERNO, Roma, NEWTON COMPTON 2003, pp. 26-27.

[22] Citazione tratta da: FRIEDRICH W. NIETZSCHE, *Il Crepuscolo degli idoli o Come si filosofa col martello*, tit. orig., *Götzen- Dämmerung oder Wie man mit dem Hammer philosophirt*, 5. ed., tr. it., MIRELLA ULIVIERI (a cura di), Roma, NEWTON COMPTON 2004, p. 132.

[23] Citazione tratta da: ALBERT EINSTEIN, *Il mondo come io lo vedo*, tr. it., WALTER MAURO (a cura di), Roma, NEWTON COMPTON 2010, p. 31.

LEZ. I. RIFLESSIONI PEDAGOGICO-DIDATTICHE SU LINEE E OMBRE DELL'INSEGNAMENTO STRUMENTALE

Spesso noi insegnanti ci poniamo alcune domande, quali:

- come dovremmo insegnare ai bambini a suonare uno strumento?
- da dove bisogna cominciare?

Per rispondere a questi interrogativi molti si affidano al proprio intuito, mettendo in pratica una didattica del tipo "*fai da te*", che innesca un apprendimento "viziato", con conseguenze negative sia sugli alunni, che non vedendo risultati significativi inevitabilmente perdono ogni entusiasmo, sia sull'insegnante stesso, il quale si sentirà sempre più sconfortato nel constatare che il proprio operato non ha prodotto i frutti sperati.[24]

È bene, quindi, prima di tutto capire qual è – o quale dovrebbe essere – l'obiettivo di insegnare la musica, compreso l'insegnamento dello strumento.

Si sente spesso dire, per quanto riguarda l'insegnamento cosiddetto "iniziale" – senza allo stesso tempo precisare con esattezza a cosa ci si riferisca – quanto tempo dovrebbe durare questo stadio nonché la fase successiva di apprendimento; infatti, "fiumi" di volumi, libri e di edizioni *junior*, vengono dedicati all'argomento, con un'attenzione scrupolosa al rispetto di tale rigida scansione temporale.

Basti pensare a taluni metodi, come quello proposto dal giapponese Naoyuki Taneda e dalla didatta tedesca

---

[24] Cfr. JOHANNELLA TAFURI, op. cit., p. IX.

Ruth Seitz nel loro testo *Hören und spielen*[25] – rivolto ai
bambini dai tre anni in su – ove particolare attenzione
viene dedicata allo sviluppo del cosiddetto "orecchio as-
soluto": con tale prerogativa vengono formulati degli
esercizi da effettuarsi al pianoforte, differenti per la mano
destra e per quella sinistra, costituiti da una sola nota, alla
quale di volta in volta – e in maniera del tutto meccanica
– se ne aggiungono altre, sotto forma di varie combinazioni e fino ad esaurire tutte quelle possibili. L'unico
obiettivo di tale metodo sembra essere la graduale propo-
sta di elementi combinatori semplici, con una lentezza di
contenuti spaventosa, a discapito di ogni altra possibilità
di sviluppare abilità diverse – come ad esempio quelle
motorie – visto che le mani sono "costrette" ed "ingab-
biate" in posizioni fisse.

È inutile ribadire la palesata contrarietà verso questi
sistemi meccanicisti di insegnamento, sottolineando – e
condividendo– quanto già affermato da altri, ovvero «che
fin dalle prime fasi dello studio è quindi necessario identificare con cura il livello operativo evitando materiali
che, in nome di una presunta "elementarità", distruggono
il senso musicale sezionandolo in frammenti privi di significato».[26]

Secondo quanto affermato circa le modalità pedagogico-didattiche di azione, che ci permettono di introdurre in
maniera efficace i nostri studenti a questa disciplina e al
mondo delle bellezze artistiche, dovremmo agire affinché
ognuno – specie se si tratta di bambini – fin dall'inizio
ami l'apprendimento della musica, che non deve essere
presentata sotto forma di scienza legata a leggi matemati-

---

[25] NAOYUKI TANEDA, RUTH SEITZ, *Hören und spielen*, 3 voll., Mainz,
SCHOTT'S SÖHNE 1993.
    [26] Citazione tratta da: DONATELLA BARTOLINI, *La frammentazione del
senso musicale: l'apprendimento strumentale tra linearità e complessità*, in
«*Quaderni della SIEM*», s. Didattica XVIII, Torino, EDT 2002, p. 57, (*Per
una gradualità non lineare*).

che prefissate e preconfezionate *aprioristicamente* – che, oltretutto, "fanno parte del mondo dei grandi" – bensì come arte dei suoni, insiti nella natura stessa dell'uomo sin dalle fasi primordiali della sua esistenza.

A tal fine, è meglio cercare la via più funzionale, rispetto ai bisogni e alle motivazioni personali, verso la capacità di apprendimento che ognuno possiede: il contenuto di una prima lezione, ad esempio, potrebbe essere costituito dalla ricerca di suoni, che l'allievo cercherà di sperimentare direttamente sullo strumento, dando sfogo alla propria immaginazione e creatività, che gli consente di avere un primo approccio positivo con lo strumento; questo potrebbe già bastare a renderlo felice e ad accrescere la propria autostima.

In tal modo potrebbe realizzare qualcosa che ha un senso ed un valore in sé, che è in grado di fare, che è bello!

Ne consegue che qualsiasi ulteriore rendimento dello studente e progresso nel suonare lo strumento dipenderà, in gran parte, dal ricordo di quella prima esperienza, in cui ha trovato quella giusta motivazione interiore che lo ha messo nelle condizioni di poter dire: sono in grado, che bello!

Tale visione è strettamente legata alla componente motivazionale che incrementa l'interesse all'apprendimento, e che pone come prerogativa peculiare la centralità del soggetto.

È bene ricordare, infatti, che alla base di ogni interesse all'apprendimento c'è sempre «una motivazione intrinseca le cui radici si appoggiano su due bisogni primari: il bisogno di successo (*need for achievement*), concepito non come prestigio sociale o successo economico, ma come realizzazione di qualcosa di alto livello, valutato secondo gli standard personali, e il bisogno di conoscere (*need of knowing*), concepito come la coscienza dei limiti della conoscenza precedente, delle contraddizioni e lacune

dei sistemi già consolidati: in breve come conflitto particolare che è chiamato *conflitto epistemico* o squilibrio».[27]

Trovare tutti i mezzi possibili che ci consentano di
stimolare e potenziare la creatività innata dello studente
in maniera del tutto spontanea, fare in modo, insomma,
che arrivi ad amare non solo la musica ma anche le nostre
lezioni, potrebbe essere una prima risposta ai nostri interrogativi.

Ci sono molte scuole e metodi, cosiddetti "storici",[28] di
didattica della musica per i bambini, come quelli di Kodály, Dalcroze, Willems – e molti altri – che fanno riferimento ad una tecnica di apprendimento proveniente
dall'esperienza senso-motoria, dove «ogni conoscenza
acquisita sarebbe fondata sulla stimolazione ricorrente
del sistema sensoriale o muscolare a opera di azioni o
oggetti che suscitano l'interesse ludico dell'allievo».[29]

Tali metodi vengono, infatti, denominati "attivi", in
quanto si basano su strategie di apprendimento partecipa-
tivo dell'allievo.

«In musica, lo spirito del metodo attivo si manifesta in
ogni situazione in cui l'allievo è spinto a fare musica ben
prima di impararne la teoria».[30]

Senza voler sconfinare in una descrizione dettagliata
di tali metodi, dei quali il lettore potrà, certamente, trovarne ampie delucidazioni direttamente nelle opere degli
stessi autori, occorre, soltanto, fare qualche accenno ad
alcuni di essi, con riferimento alle loro linee generali.

Kodály, ad esempio, per articolare il proprio metodo,
prende spunto da alcune tecniche – come la solmisazione

---

[27] Citazione tratta da: Ornella Andreani Dentici, *Intelligenza e Creatività*, Le Bussole/IXXX, 2 ed. Roma, Carocci Editore 2004, pp. 128-129.

[28] Per una definizione del concetto di metodo storico, si veda: J. Tafuri,
op. cit., p.142.

[29] Cfr. Claude Dauphin, *Didattica della Musica nel '900*, in Enciclopedia della musica, Einaudi, Ed. Speciale per il Sole 24 Ore, Milano 2006, X
«Il Sapere Musicale», parte Quinta, p. 785, *(Il concetto di Metodo Attivo)*.

[30] *Ibid.*

relativa per la lettura, e la fonomimica per la scrittura – già utilizzate in passato per la loro immediatezza ed efficacia nell'assimilazione e decodificazione dei vari simboli del linguaggio musicale.[31]

Va, ancora, ricordato il metodo di Jaques-Dalcroze, che fonda la propria metodologia di insegnamento della musica sul ritmo, attraverso il quale il bambino entra in contatto diretto con il proprio corpo che, quindi, diventa il mezzo privilegiato per vivere sia la dimensione temporale della musica che quella melodica e armonica.[32] A Dalcroze, inoltre, va riconosciuta l'intuizione di riunire in un unico approccio educativo musica, danza e ginnastica.[33]

Un altro metodo da ricordare è quello di Willems, principalmente utilizzato in Svizzera. Il suo scopo è di indurre i bambini, in età ancora precoce, all'amore per la musica e, a poco a poco, prepararli per la pratica della stessa attraverso l'affinamento dell'orecchio, del senso del ritmo, utilizzando il canto, il movimento e attivando tutto il corpo agli stimoli provenienti da essa.

Tale metodo fonda le proprie radici sullo stretto legame esistente fra la musica e l'uomo sin dai primi istanti di vita.

La sua metodologia didattica si basa sulla conoscenza vissuta degli elementi costitutivi del linguaggio musicale e ricalca il processo d'apprendimento della lingua materna; Willems utilizza, infatti, l'efficacia dell'esperienza vissuta dal bambino, in modo da rendere graduale il passaggio dall'istintività agli automatismi, attraverso la consapevolezza.

In tutti questi metodi viene, in primo luogo, posto l'accento sull'importanza della fantasia uditiva e ritmica, e il bambino è in grado di "esprimersi" attraverso la voce

---

[31] Cfr. CLAUDE DAUPHIN, op. cit., pp. 790-794.
[32] Cfr. JOHANNELLA TAFURI, op. cit., p. 142.
[33] Cfr. CLAUDE DAUPHIN, op. cit., p. 788.

e i movimenti del corpo, ancor prima che con uno strumento.

Nella realtà italiana – a differenza di molti altri paesi, dove "l'imparare ad immaginare e sentire la musica" e la pratica attiva di accostamento ad essa precedono "l'imparare la scienza e le leggi che la governano" – c'è ancora molto da fare. L'educazione musicale dei nostri figli, infatti, viene di solito divisa tra l'esistenza, più o meno parallela, di una conoscenza della disciplina, che tiene fede ad un retaggio culturale tramandato nei secoli, ed il cui unico obiettivo è quello della continua e costante reiterazione della teoria ormai "vecchie" di mille anni, con le sue istruzioni pratiche.

Con riguardo ai metodi "storici" menzionati, anche se si è ritenuto utile e doveroso fornirne una panoramica generale, in quanto certamente offrono all'insegnante un sussidio utile – e talvolta indispensabile – per lo svolgimento del proprio lavoro, allo stesso tempo occorre, però, fare una precisazione in merito ai contenuti specifici su cui essi poggiano. Infatti, sebbene questi siano stati, e rimangano sempre, dei sistemi validi nonché il canone per l'insegnamento della cosiddetta "vera musica" – cioè quella tonale–, senza eccezioni, per qualunque musicista, poiché tutti eseguono, riproducono, creano la musica che "sentono", indipendentemente dal fatto che essi siano direttori d'orchestra, violinisti, cantanti o pianisti; tuttavia, come sostiene anche F. Delalande, non bisogna fare l'errore di considerarli come sistemi musicali assoluti, poiché, in tal modo, si rischierebbe di «negare valore a tutto ciò che non è riconducibile all'immagine di musica che si è formata con essi, rifiutando *a priori* qualsiasi altra forma di espressione musicale, come ad esempio, la

musica contemporanea»[34] – o il repertorio extraeuropeo –
«e alla fine del percorso ci si trova sempre all'unica meta:
la musica tonale, *do re mi fa sol, semiminime, crome,
maggiore, minore»*,[35] dai quali certamente non si deve
prescindere, ma che non rappresentano gli *universali musicali*[36] presenti solo nella cultura della musica colta occi-
dentale.

«È chiaro che tali metodi vadano anzitutto capiti nel
contesto storico, musicale e pedagogico nel quale sono
nati e si sono sviluppati ma è necessario anche, prima di
applicarli, rileggerli alla luce delle concezioni pedagogico-didattiche e musicali che ognuno fa proprie sulla base
delle teorie che attraverso riflessioni e dibattiti si vanno
progressivamente sviluppando e affermando».[37]

Certamente «la loro fiducia nelle attitudini musicali
presenti in ogni essere umano ha demolito sistematica-
mente lo spettro dominante di una formazione musicale
riservata ai soli allievi di talento».[38]

Ritornando alla tematica della prima lezione con lo
studente, occorre ribadire che lo scopo principale è che
egli senta la gioia dell'opportunità di suonare anche il più
semplice tema musicale, nel modo più bello, senza sforzo, utilizzando una tecnica funzionale.

Rimane a noi insegnanti, fin dall'inizio, il compito di
risvegliare la sua sensibilità e l'aspettativa di scoprire e di
identificare le bellezze artistiche implicite nel testo musicale, e, soprattutto, di indirizzare la sua intelligenza mu-

---

[34] Cfr. FRANÇOIS DELALANDE, *La musica è un gioco da bambini*, (tit. originale: *La Musique est un jeu d'enfant*), 3. ed., MAURIZIO DISOTEO (a cura
di), tr. it. Giovanni Curti, Milano, FRANCOANGELI Editore 2004, p. 15.

[35] ID. pp. 21-22.

[36] Per una definizione di universali musicali, si veda: JOHN A. SLOBODA,
La mente musicale: psicologia cognitivista della musica, ed. it., RICCARDO
LUCCIO (a cura di), tr. it., GABRIELLA FARABEGOLI, Bologna, IL MULINO
1988, pp. 387-388.

[37] Citazione tratta da: JOHANNELLA TAFURI, op. cit., p. 142.

[38] Citazione tratta da: CLAUDE DAUPHIN, op. cit., p. 785.

sicale verso la risoluzione di tutte le problematiche che una determinata opera gli pone davanti.

Questo ci porta a identificare quella che potremmo definire una "verità fondamentale" dell'insegnamento strumentale, che induce a formulare la seguente conclusione: il "vero insegnamento" che si può dare ad un soggetto, il cui obiettivo è quello di diventare un bravo interprete, mira a rendere cosciente e consapevole l'esistenza di un'implicita correlazione tra le "componenti estetiche" e quelle più specificamente "intellettuali", presenti in ogni opera musicale, che non possono e non devono in alcun modo ritenersi fattori separati ma, al contrario, devono esser messi sullo stesso livello di importanza, dal momento che, insieme, contribuiscono a far raggiungere ciò che potremmo definire il "bello" artistico di un'esecuzione strumentale. Poiché le prime possono rimanere indubbiamente aperte alle più ampie soluzioni personali, in quanto fanno riferimento alla sensibilità, al gusto estetico e alle conoscenze individuali, le seconde, al contrario, necessitano di un controllo consapevole e mirato. Si rivela, dunque, opportuno fare un breve accenno ad alcune problematiche fondamentali inerenti la tecnica strumentale del pianoforte, che il grande pianista e didatta György Sándor[39] ha specificamente trattato, defi-

---

[39] György Sándor (Budapest, 21 Settembre 1912 – New York, 9 Dicembre 2005) fu pianista e didatta Ungherese. Studiò, presso l'Accademia Musicale Franz Liszt della sua città, pianoforte con Béla Bartók e composizione con Zoltán Kodály, e fece il suo debutto come interprete nel 1930. Si esibì come pianista in diversi concerti durante gli anni '30, debuttando alla Carnegie Hall nel 1939. Dal quel momento si stabilì negli Stati Uniti dove si svolse l'intera sua carriera artistica di concertista ed insegnate-didatta. Divenne cittadino americano e prestò servizio nelle forze armate e nei reparti speciali. Amico di Bartók e sostenitore della sua musica, il suo repertorio era concentrato sulle opere ungheresi e russe. Ha inciso l'integrale delle opere pianistiche di Kodály, Prokofiev e Bartók. Quest'ultima gli valse il prestigioso Grand Prix du Disque nel 1965. Fu autore del libro On piano playing: Motion, sound and expression, che è stato un vero e proprio *best seller* negli Stati Uniti, dove egli affronta con molta perizia e dovizia le problematiche fondamentali della tecnica pianistica moderna.

nendole «come punti di riferimento per la scelta delle soluzioni tecniche da adottare».[40]

Le stesse vengono denominate «strutture tecniche fondamentali»,[41] che formano un completo canovaccio di possibilità di scelta per la risoluzione di ogni problematica pianistica, e che allo stesso tempo richiamano l'attenzione a quella che potremmo definire "la naturalezza del gesto musicale", suggerito in maniera implicita dalla scrittura, che altro non è se non l'insieme delle tecniche esecutive che utilizziamo durante un'interpretazione, le quali sono state «interiorizzate ed assimilate»[42] dal nostro apparato fisico attraverso la ripetizione.[43]

Si potrebbe, dunque, pensare che riunire tutte le difficoltà tecniche del pianoforte in una manciata di formule sia pretenzioso.[44]

Tuttavia non dovremmo dimenticare che, essendo lo scopo di un'interpretazione musicale quello di ricreare i sentimenti e il pensiero del compositore, per fare ciò, bisogna necessariamente utilizzare degli espedienti, i quali diventano il mezzo attuativo per raggiungere tale obiettivo.

Facciamo un esempio:

come il critico d'arte utilizza tutte le tecniche in suo possesso per interpretare e spiegare il significato di un quadro che ha davanti a sé, dando un giudizio di tipo estetico-formalistico, che fa riferimento alla conoscenza dello sti-

---

[40] GYÖRGY SÁNDOR, *Come si suona il pianoforte: Movimento, suono ed espressione*, tr. it., Milano, RIZZOLI Aprile 2000, 6 ed. a cura di MARIAROSA MONTEPILLI, p. 10.

[41] ID. pp. 67-68.

[42] Questi due termini fanno riferimento ai concetti di «assimilazione e accomodamento» introdotti dal Piaget, e spiegati nel presente saggio alla Lez. IV p. 27.

[43] Riguardo a questo punto si veda la Lez. IV, p. 28.

[44] Cfr. GYÖRGY SÁNDOR, op. cit., p. 67.

le, dell'epoca, e delle tecniche utilizzate dal pittore, allo
stesso modo il musicista – nel nostro caso il pianista – in-
terpreta il messaggio del compositore, dando il proprio
giudizio estetico attraverso l'esecuzione, utilizzando tutte
le tecniche possedute, che inevitabilmente poggiano sulla
sua sensibilità artistica e cultura personale, conoscenza
dell'opera e del relativo autore, del periodo storico e delle
strutture formali.

Il senso artistico di una composizione musicale, la
forma del suono, le relazioni interne tra le componenti di-
namiche e ritmiche e le tecniche per la loro attuazione, risultano, quindi, intrinsecamente legate da un unico obiettivo: l'acquisizione della capacità d'interpretazione
dell'opera secondo l'idea e il linguaggio espressivo del
compositore.[45]

Un buon musicista, cioè quello che non risparmia sforzi per raggiungere risultati sempre migliori, deve ritornare
su queste verità fondamentali e confrontarsi costantemente con il loro buon funzionamento e con le idee creative
che possiede come interprete.

Per noi insegnanti, invece, queste componenti rappresentano – in un modo o nell'altro – la sostanza delle lezioni nell'insegnamento dello strumento.

Non dimentichiamo, però, che il nocciolo della nostra
"dottrina" dovrebbe essere anche quel «*saper far fare*»[46]
di cui si parla nella moderna pedagogia, che si riferisce
alla competenza pedagogico-didattica che l'insegnante
deve possedere, e che inevitabilmente afferisce alla sua
capacità di insegnare.

Noi, infatti, insegniamo per fare in modo che lo studente possa essere in grado di imparare in completa autonomia – e così dovrebbe essere sin dalla prima lezione! –
mentre ogni studente, che da solo lavora su un'opera, de-

---

[45] Cfr. Lez. VI, pp. 40-41.
[46] Citazione tratta da: JOHANNELLA TAFURI, op. cit., cap. II: *I protagonisti
della relazione educativa, Le competenze*, pp. 29-30.

ve necessariamente possedere quegli strumenti che gli consentono di entrare nel ruolo dell'insegnante, e di diventare insegnante di se stesso.

Si può affermare, quindi, che quanto più egli sarà maestro di se stesso, tanto più risulterà un musicista valido; in altre parole, aumentare la propria attività da un punto di vista didattico-pedagogico nel processo di apprendimento di un'opera rende consapevoli di un controllo cosciente della personale competenza musicale, nonché della propria conoscenza della tecnica strumentale, di un'analisi più profonda delle problematiche artistiche e delle modalità per la loro attuazione; senza dimenticare che il proprio lavoro risulterà più funzionale ed efficiente rispetto all'obiettivo prefissato. In tal modo i risultati saranno, senza dubbio, maggiormente durevoli e consentiranno di ottenere *performance* dal vivo più spontanee.

Possiamo, a questo punto, trarre un'altra conclusione: dovremmo educare ed insegnare ai nostri studenti ad ottenere una sempre migliore comprensione di questi elementi, affinché essi diventino sempre più indipendenti nello studio e siano in grado di ricostruire l'opera stessa in modo intelligente e consapevole; insomma, di "godere" della propria autonomia e intelligenza creativa.

Non tutti i nostri allievi, però, con il tempo, raggiungono un livello di apertura tale da consentire loro di misurare le proprie abilità e professionalità. Tale condizione, purtroppo, spesso è raggiunta solo da pochi individui.

Non dobbiamo, però, scoraggiare né indebolire gli sforzi che gli stessi compiono verso tale apertura, neppure quelli dei meno dotati o dei meno capaci, poiché ognuno possiede una propria sensibilità artistica che gli consente un approccio individuale alla musica.

Dobbiamo comprendere, infatti, che ogni studente è diverso dall'altro; la sua personalità è predeterminata sia da fattori genetici, che sociali, ambientali e culturali. Ognuno di essi è, nonostante alcune caratteristiche visibili, un grande mistero che stiamo cercando di permeare, e non sempre tirando le giuste conclusioni. La sua evoluzione e i suoi progressi, spesso, non sono prevedibili, e ci dà sorprese, sia positive che negative.

Inoltre, noi insegnanti, così come i nostri studenti, siamo molto diversi, anche in virtù della nostra più svariata esperienza di vita. In questo senso possiamo dire che ognuno di noi mostra loro un metodo personalizzato di insegnamento, che è la somma o, piuttosto, il risultato, della propria personalità, cultura, conoscenza musicale, capacità di suonare uno strumento, influenza consolidata nel campo artistico e, infine, volontà all'auto-miglioramento costante, e che, soprattutto, si insiste nel sottolinearlo, è "manifesto" della propria saggezza umana e professionale, che suggerisce metodi di insegnamento basati sull'ascolto attento e costante, che decentrano il proprio sapere personale a vantaggio dello sviluppo e della crescita dell'altro.[47]

Non vi è dubbio che in questo modo si possa dare una forma positiva non solo all'interiorità e capacità di sentire, ma anche ai loro caratteri, volontà e livelli superiori di intelligenza.

In tal modo, nel processo di insegnamento-apprendimento della musica, applicando questo sistema specifico, che viene giustamente descritto dalla formula maestro-allievo, si crea uno scontro di due personalità di spicco: un piccolo allievo e il maestro adulto.

È facile trarre la conclusione che i rapporti reciproci, durante il trasferimento di conoscenze e competenze musicali, possono essere fissati in una moltitudine di modi. Altrettanto facilmente, però, non deve sembrare giustificata la somministrazione, o la formulazione, di regole rigide che riguardano la sequenza dei vari elementi delle tecniche di esecuzione e dei concreti problemi musicali,

---

[47] Cfr. LORIS MALAGUZZI, op. cit., p. 80.

senza allo stesso tempo aver dato ad essi una connotazione di carattere pedagogico-didattico.

Ho menzionato queste difficili e complesse questioni semplicemente per non doverle più trattare nel corso delle osservazioni che svolgerò nelle successive lezioni, in quanto non avrebbe senso disperdere le informazioni che – per tutti i motivi sopra elencati – possono riguardare casi infinitamente diversi.

È per questo che ritengo opportuno, nel prosieguo della trattazione concentrare l'attenzione su specifiche questioni relative all'insegnamento strumentale, che ritengo non debbano essere trascurate o ignorate.

II

LEZIONE DI SUCCESSO

....Stavo seguendo le più piccole, di pomeriggio, quando nella stanza è entrato don Antonio. – E allora, bambine, è brava la vostra insegnante?
– Non sono un'insegnante, – ho commentato io. – Sono ancora troppo giovane. Dò solo una mano a fare gli esercizi qualche ora al pomeriggio.
– Lascia rispondere a loro, – mi ha detto don Antonio sorridendo.
– È brava ma non come quella volta che ci ha fatto fare gli uccellini! – ha detto Elena, la più piccola.
– Gli uccellini? – ha detto il prete, e ha fatto una smorfia leggermente carica, esagerando la sua sorpresa.
– Sì! Ci ha fatto fare le voci delle rondini con i violini, e lei ha suonato come fa l'usignolo!
– E vi è piaciuto?
– Tanto! Ma non vuole più farcelo fare.
– Era solo per mostrarvi come non si usa un violino, e... – ho farfugliato io.
– Fatelo un pó sentire anche a me, – ha tagliato corto don Antonio.
Alle bambine non è sembrato vero, si sono messe a fare le rondini tirando fuori dalle corde garriti striduli, come un mese fa, ma molto più scatenate di quella volta, come se non se lo fossero dimenticato e non vedessero l'ora di rifarlo[...].[48]

TIZIANO SCARPA

[48] TIZIANO SCARPA, *Stabat Mater*, Torino, EINAUDI 2008, pp. 95-96.

In questo breve passo, tratto dal romanzo di Scarpa, la protagonista – di nome Cecilia – si lascia completamente affascinare ed attrarre dal modo in cui il prete riesce – con grande maestria – a dare valore e significato a questa esperienza educativa da lei stessa ideata tempo prima, e si stupisce nel constatare che la stessa aveva sortito effetti assolutamente positivi sulle bambine. Il prete, evidentemente, sapeva molto bene quale fosse il modo più giusto per dare gratificazione alle alunne, e ha semplicemente avuto quell'intuizione necessaria, utile, per conferire un alto livello di prestigio educativo ad un'esperienza didattica che erroneamente era stata ritenuta di scarsissima rilevanza. Certo, nessuno dei protagonisti di questa vicenda – né Cecilia, né le alunne – poteva immaginare che dietro cotanta maestria del prete, in realtà, si celasse il nome di un grande personaggio: Antonio Vivaldi.

Rientrando nello specifico della nostra argomentazione, lo spunto che personalmente traggo da questa significativa vicenda – che si basa un pò sull'immaginazione dell'autore del romanzo, un pò sulla testimonianza, viva, di vicende realmente accadute – mi induce, evidentemente, a ritenere che ogni insegnante di musica dovrebbe sempre avere questa capacità di affrontare qualsiasi situazione educativa, come ha fatto il nostro don Antonio. Ogni allievo, appunto, – indipendentemente dal fatto che sia un principiante o un giovane virtuoso che si trova ad uno stadio avanzato – quando in una lezione si cimenta nell'esecuzione di una composizione, di un motivo, di una frase o figurazione semplice – che rappresentano l'elemento più chiaro e tangibile dell'impegno e degli sforzi profusi – deve avere successo e gratificazione, piuttosto che mortificazione o scoraggiamento!

Soprattutto a noi insegnanti spetta, tuttavia, la guida di ogni esperimento, per far sì che un compito assegnato venga realizzato nel miglior modo possibile e, appunto, in funzione di tale successo. Allora questo piccolo successo rappresenta un obiettivo raggiunto, che ha la possibilità di essere consolidato e che potrebbe diventare la base per i suoi successi futuri, sia piccoli che grandi.

Perché ciò si verifichi, è necessario fare riferimento ad un livello di conoscenza che si può raggiungere solo attraverso quella penetrazione nell'altro, che lo psicologo A. Adler usava definire col termine tedesco "Einfüllung", cioè empatia.[49]

A tale riguardo, possiamo citare e far nostre le parole dette da un romanziere inglese di nome H.S.Edwards e ripetute in più occasioni dallo stesso Adler:

> *per conoscere un essere umano bisogna imparare a vedere con i suoi occhi, udire con le sue orecchie e sentire con il suo cuore; la conoscenza dell'altro si può dire raggiunta quando si è arrivati a capire come ci comporteremmo noi se fossimo in lui o a prevedere il suo comportamento.*[50][corsivo dell'autore]

Ci sono, naturalmente, diversi metodi, talvolta inventati *ad hoc*, in relazione a come bisogna guidare un allievo affinché raggiunga il successo nello studio. È impossibile dare qui una spiegazione esaustiva riguardo alle modalità e a tutti quei mezzi – che sono oggi campo di studio della

---

[49] Citazione tratta da: ALFRED ADLER, *La Psicologia Individuale nella scuola*, GASTONE CANZIANI (a cura di), titoli originali: *Individualpsychologie in der Schule, The Education of Children*, tr. it. ELVIRA LIMA e ADRIANA PIPERNO, Roma, NEWTON COMPTON 2003, p. 36.

[50] *Ibid.*

moderna tecnologia strumentale[51] – di cui ci si può servire per il raggiungimento di tale obiettivo.

Relativamente ad alcune elementari regole di comportamento di noi insegnanti – di cui in parte ne ho già fatto menzione precedentemente – per il momento mi limito a dire che dovremmo scegliere alcune specifiche metodologie didattiche di intervento.

Facciamo degli esempi:

a) un'esemplare, bella, esecuzione espressiva di una composizione o di un frammento di essa, eventualmente, ripetuta più volte;

b) un'esecuzione, supportata da una spiegazione, che serva ad illustrare il senso musicale di un determinato passaggio, utilizzando, a volte, alcune metafore opportunamente scelte;

c) in determinate circostanze è utile richiamare l'attenzione dello studente su un passaggio che contiene la formula tecnica fondamentale,[52] forse a lui già nota;

d) ricordando l'analogia con un altro frammento che contiene una struttura simile, che è stata già affrontata;

e) conducendo l'attenzione dell'allievo solo su una parte dello sviluppo del frammento, portando il contenuto della difficoltà, alla formula più semplice possibile, costituita da due o più suoni;

f) se questi metodi si rivelassero inefficaci o insufficienti, possiamo provare a mettere l'avambraccio e la mano del nostro studente, sul nostro avam-

---

[51] Nella letteratura del mondo contemporaneo, il termine "tecnologia strumentale" si riferisce alla conoscenza (teorica) della tecnica strumentale, mentre con il termine "tecnica" si intende un insieme di azioni e gesti pragmatici che un musicista-esecutore compie sul proprio strumento.

[52] Cfr. GYÖRGY SÁNDOR, op. cit., pp. 182-212, *Formule tecniche fondamentali*.

braccio e mano, eseguendo correttamente un determinato frammento e in modo che egli, ascoltando il suono e, sentendo contemporaneamente la sensazione fisica del movimento del gesto pianistico, sia poi in grado di riprodurlo da solo. Quest'ultimo tipo di esperimento, se eseguito bene, nonostante venga realizzato con l'aiuto fisico del maestro, di per sé, dimostra il successo dello studente e ne facilita, in genere, la corretta ri-applicazione e ripetizione.[53]

Le modalità d'intervento appena esposte, è inteso, non vanno considerate come degli schemi rigidi che seguono una scansione cronologica definita, bensì un sussidio utile che serva ad integrare le personali metodologie didattiche volte a stimolare costantemente la motivazione all'apprendimento, e che di volta in volta vengono sperimentate, pragmaticamente, nei concreti contesti educativi.

Come si è detto precedentemente, bisogna sempre cercare di far scaturire il giusto *input* motivazionale che crea nello studente un interesse vivo.[54]

È stato dimostrato, infatti, attraverso uno studio condotto in America su bambini tra i 7-9 anni, – i quali si accingevano allo studio di uno strumento musicale – come la variabile "motivazione generale", insieme alla quantità di ore di applicazione costante e persistente attraverso l'esercizio, valutati rispetto al criterio di misurazione dell'attitudine musicale ed intellettuale generale, riusciva-

---

[53] Io stesso ho appreso dal mio insegnante e verificato su di me questo esperimento. Ricordo con stupore l'immensa sorpresa e soddisfazione che provai la prima volta: sentivo il mio braccio volare sulla tastiera; la musica indicava esattamente la direzione del gesto, ed era impressionante constatare come tutto ciò che avevo sentito, ero in grado di riprodurlo immediatamente dopo, e tutto in maniera naturale. Lo stesso stupore – questo esperimento – lo desta oggi sui miei allievi, i quali increduli mi trasmettono la gioia della loro soddisfazione ogni qualvolta lo propongo.

[54] Si vedano, a proposito della motivazione, le osservazioni fatte alla Lez. I, pp. 4-5.

no ad avere una predominanza preponderante in tutti gli esiti riscontrati e far prevedere la qualità dei risultati che si potevano raggiungere, sia in termini di tecnica, che di espressività esecutiva.[55]

Quanto fin qui esposto, induce a dover formulare un'altra considerazione generale: nell'ambito della relazione educativa intercorrente tra i due soggetti protagonisti di tale rapporto – ovvero l'allievo e l'insegnante – il ruolo di quest'ultimo deve essere, sicuramente, proteso verso un dovere fondamentale, ovvero, quello di far scaturire la motivazione personale presente in ogni individuo, poiché essa è da considerarsi come condizione indispensabile al raggiungimento del successo nei propri obiettivi.

---

[55] SUSAN A. O'NEIL, *The role of practice in children's early musical performance achievement*, in H. JORGENSEN & AC Lehmann (a cura di), *Does Practice Make Perfect? Current Theory and Research on Instrumental Practice*, Oslo, NORGES MUSIKKHOGSKOLE 1997, pp. 53-70.

III

CONOSCERE LE OPERE

...Dobbiamo dunque ammetter come esistente in tutti gli uomini – se per avventura non ve n'ha affatto incapaci d'ogni godimento estetici – quel potere di conoscer nelle cose le idee rispettive, e spogliarsi così per un istante della loro personalità. Il genio ha di fronte ad essi il solo vantaggio di possedere in maggior grado e più durevolmente quel modo di conoscere; vantaggio che gli permette di mantenere in questa conoscenza la riflessione necessaria per riprodurre a volontà, in un'opera ciò che ha conosciuto in tal modo; e codesta riproduzione è l'opera d'arte. Con l'opera d'arte il genio comunica agli altri l'idea percepita[56]

ARTUR SCHOPENHAUER

---

[56] Citazione tratta da: ARTHUR SCHOPENHAUER, *Il mondo come volontà e rappresentazione*, tr. it., PAOLO SAVJ-LOPEZ E GIUSEPPE DE LORENZO (a cura di), introduzione ed. it., CESARE VASOLI, 12. ed., Roma, Bari, BIBLIOTECA UNIVERSALE LATERZA 2006, pp.224-225.

LEZ. III: LA CONOSCENZA È COMPETENZA

Al fine di indirizzare le nostre metodologie di insegnamento verso la stimolazione costante della motivazione personale, secondo le modalità di cui si è detto, è indispensabile porsi un altro interrogativo:

è necessario conoscere perfettamente le opere che abbiamo intenzione di trattare con lo studente, in modo che fungano da modello esemplare di riferimento che riesca a fargli scattare quella sorta di "competizione positiva" che dà gli stimoli necessari alla volontà di apprendimento?

La risposta sembra alquanto ovvia, tuttavia, è bene fare delle precisazioni, per evitare di creare degli inutili allarmismi o portare la mente del lettore a fare parallelismi con modelli errati di eccellenza pianistica che, invece, non si ritiene di dover proporre in questo saggio; ciò su cui si intende puntare l'attenzione, in effetti, è più semplice di quanto non si pensi.

Introduciamo i primi due aspetti che dovremmo tenere in considerazione:

1) avere una padronanza, completa, della composizione, in modo tale che risulti sotto forma di esecuzione ben strutturata, non è sempre necessario – anche se è auspicabile – ma dovremmo, almeno, poterne dimostrare dei frammenti, a mani separate, che fungano da modello di riferimento ideale;[57]

---

[57] Quanto appena esposto, va nella direzione di quella che abbiamo definito "competizione positiva", ovvero, quella situazione stimolante che si crea

2) per quanto riguarda l'acquisizione di esperienza e competenza che, è inutile dirlo, dovrebbe essere sempre più ampia – oltre che rappresentare il programma a lungo termine per tutta la vita – possiamo espandere, gradualmente, il nostro repertorio, che costituisce, sicuramente, la base più ricca e funzionale per l'insegnamento e la crescita artistica.

Ma in che modo bisogna preparare questo repertorio?

Anche qui, la risposta potrebbe sembrare scontata: con la pazienza e lo studio!

Sì! Ma su cosa si dovrebbe basare tale studio?

Proviamo a fare degli esempi:

a) su una conoscenza accurata del compositore, dell'opera, dello stile, dell'epoca e delle intenzioni espressive implicite nel testo;

b) sull'analisi della composizione dal punto di vista della struttura, della forma e dei problemi di esecuzione,[58] prendendo nota delle formule tecniche fondamentali (ad esempio le formule della caduta libera, scale, arpeggi, rotazione, e tanti altri);[59]

c) mettendo la diteggiatura al testo, in conseguenza dell'analisi fatta al punto *b*, grazie alla quale siamo in grado, dopo un accurato lavoro e un sufficiente periodo di assimilazione, di confuta-

---

quando si ha una sorta di "invidia rigeneratrice" che mette nelle condizioni di voler superare per imitazione un determinato modello che ci viene proposto, e si fa di tutto per raggiungere tale obiettivo. Non dimentichiamo che la nostra deve essere una lezione di strumento e non una dissertazione filosofica che annoia lo studente, quindi, è indispensabile suonare – il meglio che si può – più che parlare, se vogliamo catturare l'attenzione dello studente!

[58] Cfr. Lez. VI, pp. 44-46.
[59] Cfr. GYÖRGY SÁNDOR, op. cit., pp. 182-212.

re, eventualmente, le scelte esecutive precedentemente prese.

Semplicissimo!Ma cerchiamo di vedere più nello specifico qual è l'obiettivo implicito della conoscenza accurata di tutti questi elementi sopra menzionati.
Senza addentrarci in spiegazioni macroscopiche dei
singoli punti, cerchiamo di individuare tale obiettivo ri-
portando solo quanto scritto da Heinrich Neuhaus a proposito delle doti interpretative del pianista Sviatoslav Richter, che certamente contribuisce appieno a specificare
cosa si intende:

> [...]quando Richter esegue autori diversi, ho sempre la sensazione
> di ascoltare non solo diversi pianoforti, diversi suoni, diversi mezzi
> tecnici, diversa espressività, ma anche diversi pianisti. Il pianista ogni
> volta è un altro! Questo non è solo il massimo apice della maestria,
> ma anche la più alta espressione dell'oggettività creativa, la risolu-
> zione del compito principale dell'interprete: la fedeltà all'autore.[60]

Quanto appena riportato, in effetti, richiama
l'attenzione su un aspetto importante della conoscenza accurata dell'opera, che rimanda esplicitamente a quei fattori che, nell'interpretazione, concorrono affinché il messaggio implicito nel testo scritto del quale ci rendiamo
portatori attraverso l'esecuzione, sia il più fedele possibile
all'idea germinale del compositore.
Si riporta quanto scritto da Delfrati riguardo a tale punto:

> individuo e società sono, compresi nell'opera musicale. Quanto
> più saremo capaci di inserire l'opera nel profilo personale dell'autore
> e in quello sociale del suo tempo – in una parola, quanto meglio sa-
> remo capaci di ambientarla storicamente – tanto più vicini saremo
> alla genuina comprensione dell'opera stessa. È un lavoro di appro-

---

[60] Citazione tratta da: HEINRICH NEUHAUS, *riflessioni, memorie, diari*, tr.
it., VALERIJ VOSKOBOJNIKOV (a cura di) con la collaborazione di ROMEO
CECCARELLI PAXTON, Palermo, SELLERIO EDITORE 2002, (*La nuova diagonale*), 41, p. 311.

fondimento e di chiarificazione storica, che sono tutt'altra cosa dall'immagazzinamento nozionistico.[61]

L'ultimo aspetto che è bene tenere in considerazione è il seguente:

3) dovremmo lavorare, sempre, su degli appunti che contengano tutti quegli elementi utili a fissare le scelte tecniche ed interpretative che siano il più possibile perfette e proponibili allo studente.

Anche se in prima istanza non si è in grado di eseguire e affrontare in modo completo e soddisfacente tutte le difficoltà tecniche presenti in una determinata composizione, in modo tale da avere un'esecuzione eccellente, si può però – così facendo – conoscere bene, e in frammenti, ciascuna delle rispettive parti, eseguendo per lo studente l'immagine sonora complessiva in modo suggestivo e convincente.

Dalle riflessioni esposte, anche in questa lezione, possiamo trarre la nostra considerazione finale: avere una conoscenza dell'opera in tutti i suoi aspetti più importanti, ci consente di padroneggiarla in modo efficace e funzionale rispetto a quell'obiettivo individuato,[62] e il tempo necessario che dobbiamo impiegare per l'assimilazione, ne risulterà sicuramente ridotto.[63] Inoltre, la competenza che in tal modo possiamo acquisire, ci rende sempre coscienti delle scelte che operiamo sui nostri studenti, e consente di evitare soluzioni di fortuna.

Ciò richiede impegno e riflessione ma tutto sommato, il più delle volte, ne vale la pena!

---

[61] Citazione tratta da: CARLO DELFRATI, *Orientamenti di pedagogia musicale: scritti 1966-1986*, Milano, RICORDI 1989, p. 133.

[62] Si fa riferimento a quanto appena riportato a p. 22 circa le doti interpretative del pianista Richter.

[63] Cfr. Lez. successiva p. 25 e segg.

IV

APPRENDIMENTO CONSAPEVOLE

...la cosa probante è l'esecuzione, che è il coronamento dello studio...ma l'esecuzione è la parte visibile di un iceberg, mentre lo studio rappresenta l'immensa e invisibile massa che si trova sotto la superficie dell'acqua.

Uno studio efficace e un modo di studiare inutile portano a risultati estremamente diversi, e il tempo che possiamo risparmiare evitando lo studio inutile è notevolissimo![64]

G. SÁNDOR

---

[64] Citazione tratta da: GYÖRGY SÁNDOR, op. cit., p. 276.

LEZ. IV: LE BUONE ABITUDINI CONSOLIDANO I MOVIMENTI EFFICACI

Sono profondamente convinto che quanto è normalmente noto circa il fatto che un uomo impari dai suoi errori, risulti fondamentalmente sbagliato quando parliamo di apprendimento di uno strumento musicale. E questo perché alla base di ogni abilità acquisita, c'è sempre un processo di «*assimilazione e accomodamento*»,[65] che implica da una parte, l'assorbimento e l'elaborazione dell'esperienza alle strategie e strutture già esistenti, e dall'altra, l'aggiustamento e la modificazione di tali strategie in seguito ad assimilazione.[66] Ne deriva che se gli effetti di riflesso di ciò che abbiamo assimilato e accomodato in tale processo, sono delle abitudini sbagliate, l'apprendimento risulterà difettoso.

Ma non dimentichiamo che l'obiettivo finale del processo di apprendimento consapevole di un lavoro musicale è la possibilità, oltre che l'opportunità, di potersi esibire in pubblico conducendo un'esecuzione spontanea, quanto corretta tecnicamente, e artisticamente interessante.

Per l'apprendimento consapevole di un'opera possiamo individuare i seguenti aspetti:

a) focalizzazione della propria concentrazione sull'elaborazione degli elementi nel loro complesso;

b) messa in moto e impernio della propria attenzione

---

[65] Cfr. JEAN PIAGET, *Lo sviluppo mentale del bambino e altri studi di psicologia*, tr. it., di Elena Zamorani, PICCOLA BIBLIOTECA EINAUDI, Torino 2000, pp. 15-16.

[66] Cfr. HELEN BEE, *The developing child*, tr. it., *Lo sviluppo del bambino*, GIOVANNA GRANDI (a cura di), Bologna, ZANICHELLI 1983, pp. 140-142.

sui diversi tipi di memoria che lavorano insieme in varie combinazioni, per esempio: la memoria uditiva, visiva e analitica.

Riguardo al primo punto, l'elaborazione degli elementi nel complesso, prevede la necessità di avere una visione globale di tutti quegli aspetti – sia tecnici che musicali – che si trovano inglobati all'interno di una composizione; intesi, i primi come l'insieme dei gesti meccanici e automatici che, insieme alla conoscenza consapevole delle strutture sintattiche e grammaticali, ci consentono di realizzare i secondi, cioè le idee musicali implicite nel testo che abbiamo intenzione di comunicare.

Con riferimento al secondo punto, invece, è abbastanza noto che a seconda delle capacità e predisposizioni individuali ma, soprattutto, in base alle diverse fasi della vita, i tipi di memoria menzionati, però, hanno un funzionamento più o meno efficiente, per cui richiedono, da un punto di vista pedagogico, l'osservazione attenta, la diagnosi e le regolazioni del caso da parte dell'insegnante.

Quando si sta studiando un frammento a livello tecnico-esecutivo, e si sta utilizzando la memoria uditiva, visiva e analitica, si deve procedere con un certo numero di ripetizioni che siano più perfette possibile, sia tecnicamente, che musicalmente, al fine di portare la nostra memoria senso-motoria ad un consolidamento di abitudini corrette (memoria fisica e cinetica).

Una buona abitudine prevede, infatti, l'essere in grado di eseguire ogni azione relativa ad un determinato problema tecnico, in modo naturale e spontaneo; il che significa che per ogni attività della nostra volontà, il subconscio, che è il centro delle abitudini e rappresenta «qualunque contenuto della mente esistente o operante al di fuori della coscienza»,[67] è pronto a lanciare la formula del mo-

---

[67] Cfr. ANDREW M. COLMAN, *A Dictionary of Psychology*, Oxford University Press, 2006.

vimento che abbiamo imparato, corrispondente ad un gruppo di note di quel passaggio.

In una situazione ideale, la somma di sensazioni visive e uditive, e la somma dei processi intellettuali ed analitici diretti ad una sezione di assimilazione, confluiscono in una serie di movimenti coordinati e fluidi del «nostro apparato fisico che presiede alla produzione del suono»,[68] e rimangono come "intrappolati in un serbatoio" nella sfera del subconscio della nostra mente.

Ma non è difficile portare l'intelletto ad una situazione lontana da questo ideale e che si trovi agli antipodi con esso.

Ciò avviene, ad esempio, quando non siamo in grado di trovare in un determinato frammento– sin all'inizio dell'apprendimento – la corrispondenza con il suo modo ideale di esecuzione, e ogni nostro tentativo successivo di una sua corretta realizzazione, non essendo sostenuto da alcun modello definito di movimento, risulta inutile.

Tale situazione rimane così configurata anche se dopo una serie di ripetuti tentativi a casaccio, il passaggio in questione dovesse riuscire una o due volte più corretto, poiché il nostro subconscio ha ormai registrato – con la stessa chiarezza, ma in proporzione maggiore – anche il brutto dell'esecuzione non riuscita, inglobando in maniera definitiva, il disordine, la scoordinazione e la lotta contro le difficoltà insormontabili.

Con questo tipo di apprendimento – soprattutto sotto stress – suonando un frammento o l'intera opera, il nostro subconscio sarà in grado di rielaborare e restituirci solo ciò che ha registrato: grovigli, incompletezze, imperfezioni.

Ecco perché non si dovrebbe mai imparare dai propri errori ma, al contrario, cercare di mirare al percorso più breve attraverso il consolidamento di buoni schemi di

---

[68] Cfr. GYÖRGY SÁNDOR, op. cit., cap. V, p. 90.

movimento efficaci, corrispondenti al relativo contenuto tecnico e musicale delle note scritte.[69]

---

[69] Si veda anche l'esempio *f* e la relativa nota n.53 alla lez. II p.17.

V

RIDUZIONE DEL MATERIALE

"Dal piccolo al grande, dalla più piccola particella
al totale"

LEZ. V: DALLA COMPLESSITÀ ALLA SEMPLICITÀ: IL MODELLO *PUZZLE*

Ritengo che una delle condizioni indispensabili per stimolare e accrescere le proprie competenze musicali sia la conoscenza, sempre maggiore, della tecnica strumentale con la pratica e l'ascolto di musica – e per tutta la vita musicale!

Ma in che modo tutti i contenuti e le metodologie fin qui proposti, possono essere applicati in termini pragmatici con gli studenti che iniziano lo studio della musica e, in particolare, di uno strumento?

Cerchiamo di introdurre una considerazione generale: il successo di un allievo, del quale abbiamo già parlato all'inizio, dipende – cosa che sembra fin troppo ovvia – dal repertorio, ma anche – e soprattutto – dal problema della scelta di quest'ultimo.

Qui entriamo nel campo del materiale musicale a disposizione, sul quale, in ogni caso, egli dovrà essere in grado di concentrarsi.

Fortunatamente abbiamo possibilità quasi illimitate, e per ogni livello di abilità e maturità.

A questo proposito, usando dei concetti più generali, possiamo affermare che "bisognerebbe essere minimalisti nella scelta di qualcosa, massimalisti nella la sua realizzazione".[70]

---

[70] I termini minimalista e massimalista, qui usati lontani dalla loro accezione o inquadramento più specificamente politico, o di altra natura, assumono un significato che rientra nell'ordine del quantitativo e qualitativo, in riferimento alla scelta e realizzazione di un qualcosa.

Sulla strada verso l'eccellenza – sia nell'arte che nel mestiere – si rende, infatti, necessario esporre il seguente principio: "dal piccolo al grande, dalla più piccola particella al totale".

Tenendo fede a questo principio appena esposto, per un insegnante – cioè la figura che in qualche modo è responsabile dello sviluppo armonioso dello studente – riduzione del materiale significa, far diventare tutto ciò che apparentemente sembra essere difficile o addirittura insormontabile, meno arduo, facile e molto semplice; di conseguenza, il lavoro su una composizione che presenta delle difficoltà tecniche elevate, bisogna affrontarlo per gradi, come un *puzzle* che pezzo dopo pezzo raggiunge la sua totale unitarietà.

Tra parentesi si intende che questo principio di semplificazione e riduzione dei materiali, che porta tutto ciò che è difficile a ciò che è facile, si può utilizzare sia con gli studenti principianti, che con i virtuosi avanzati.

Con riferimento al principio di semplificazione sopra esposto, dovremmo prendere in considerazione i seguenti passaggi:

a) dobbiamo essere in grado di analizzare la notazione scritta dal punto di vista della più semplice delle formule tecniche e musicali contenute in essa, tenendo presente che non sempre sono sovrapponibili tra loro. Dovremmo anche avere le capacità di dimostrare o adeguatamente suggerire agli studenti, il modo corretto di eseguire un determinato frammento; diversamente, scegliere e indicare la formula tecnica corretta, corrispondente alla notazione musicale scritta;

b) nella fase introduttiva del lavoro su un'opera, dobbiamo avere la capacità di selezionare solo alcuni frammenti del testo (ad esempio un inciso, semifrase o frase), su cui lo studente sarà in grado di concentrare la sua attenzione senza essere sottoposto ad uno sforzo fisico e mentale elevato. In questo senso è molto importante che, affinché un frammento del testo del quale ci stiamo occupando risulti corretto dal punto di vista tecnico e musicale, sia identificabile con la direzione del movimento del gesto pianistico,[71] ma soprattutto, con la direzione "imposta" dalla logica dell'espressività musicale.[72]

c) inizialmente, dovremmo focalizzare l'attenzione dello studente su talune parti del testo di cui si è detto, con una sola mano, e talvolta con un solo braccio, in modo tale da fornire una concentrazione efficace e un numero ragionevole di ripetizioni eseguite il più perfettamente possibile.[73] Una sezione di testo troppo grande, seppure la più semplice, compromette la possibilità di una buona concentrazione, soprattutto nelle prime fasi di studio di una nuova composizione. Inoltre, l'effetto positivo che si ottiene con la perpetuazione di movimenti corretti, ne risulterebbe indebolito.

d) dovremmo scegliere l'andamento di "tempo giusto" per l'esecuzione di una porzione di testo che, nel caso specifico e in una certa fase di apprendimento, permetterà allo studente una concentrazione ottimale e il controllo delle sue azioni. Teniamo a mente che nel pensiero pianistico contemporaneo e – in generale – strumentale, per quanto riguarda l'andamento di tempo con cui esercitarsi, vi è la seguente "regola": è auspicabile esercitarsi su un'opera o su un

---

[71] Vedi Lez. II es. *f* p. 17. Cfr. anche Lez. precedente alle pp. 27-28.

[72] Cfr. Lez. successiva.

[73] Cfr. le precedenti osservazioni fatte alle pp. 27-29 in merito al funzionamento della memoria uditiva, visiva e analitica.

frammento di essa ad un tempo analogo a quello
con cui è stata concepita dal compositore; tuttavia, in ogni caso, ad una velocità che, per quanto
è possibile, permetta il pieno controllo dei movimenti ma, soprattutto, ne consenta una visione
unitaria.[74]

Relativamente a quest'ultimo punto, risulta pertinente
riportare quanto scritto da Donatella Bartolini:

> [...]è molto più facile riunire più suoni all'interno di una stes-
> sa unità quando la linea sonora si muove rapidamente; è assai più
> semplice trovare il gesto giusto in velocità che non attraverso la
> lentezza. La contiguità temporale favorisce la costituzione
> dell'unità, unità che è al tempo stesso motoria e musicale.[75]

Non c'è ragione per cui dovremmo sforzarci ad
"annoiare" e far "addormentare" i nostri studenti pro-
ponendo soluzioni che siano completamente sconnes-
se da quella unitarietà di cui si è detto.

Il sistema di studio a *puzzle*, proposto negli esempi
sopra riportati, infatti, non è inteso in termini di
frammentarietà e gradualità lineare e cumulativa, bensì di costruzione logica e ordinata di tutti gli elementi
– sia tecnici che musicali – che contribuiscono a rendere intelligibile – prima a noi stessi, poi a chi ci
ascolta – il contenuto emotivo del messaggio che ogni
opera vuole comunicare.

È superfluo insistere nel dire che le differenze, in
tal senso, possono essere enormi, e i risultati che si
possono raggiungere come conseguenza di una pratica
efficace, sono impareggiabili.

---

[74] Cfr. DONATELLA BARTOLINI, op. cit., p. 58.
[75] ID. p. 59.

VI

PRODUZIONE DI SENSO

...Solo mediante la pura contemplazione...vengono colte le idee, e l'essenza del genio sta appunto nella preponderante attitudine a tale contemplazione...genialità non è altro se non la più completa obiettività, ossia direzione obiettiva dello spirito...[76]

ARTHUR SCHOPENHAUER

---

[76] Citazione tratta da: ARTHUR SCHOPENHAUER, op. cit., pp. 215-216.

La capacità di esecuzione di un fraseggio espressivo – nella gerarchia delle qualità di un'eccellente interpretazione artistica di una composizione musicale – occupa, indubbiamente, una posizione di fondamentale importanza. È talmente cruciale che gli si dovrebbe dedicare una particolare attenzione sin dal primo istante in cui si entra in contatto con un'opera.

Questo fa riferimento a quegli aspetti comunicativi del linguaggio musicale specificamente attinenti ai livelli di significazione e coinvolgimento emotivo, che viene comunemente indicato con il termine di espressione. Poiché si ritiene che essa non può essere congedata in modo semplicistico con l'assunto secondo cui sarebbe riferibile solo ed esclusivamente alle attitudini, talento e sensibilità individuali, si cercherà, per questo motivo, di dare a tale aspetto anche una connotazione di tipo strutturale e inerentemente grammaticale, dimostrando come ciò che genericamente viene indicato in maniera astratta, eterea, quasi come dote extra-naturale di taluni individui si trovi, più di quanto non si creda, esplicitamente suggerito dal testo, e, quindi, "raggiungibile" da chiunque attraverso un'analisi attenta e quella giusta stimolazione delle personali capacità inventive.

John Paynter scrive:

Il lavoro di un compositore è evidentemente creativo, ma anche il ruolo interpretativo dell'esecutore richiede – più di quanto generalmente non si creda – una buona capacità inventiva. Alcune ricerche di psicologia della musica hanno dimostrato come l'espressione derivi dalla struttura e come i cambiamenti espressivi di particolari parametri durante l'esecuzione (per esempio il tempo) siano basati su proprietà strutturali della musica e dipendano quindi dalla rielaborazione dell'intero schema costruttivo compiuta dell'esecutore. Certamente le informazioni di tipo strutturale (che provengono dalla notazione o da altre fonti) devono essere integrate prima che l'esecutore possa elaborare una strategia interpretativa, ma questa strategia, quando è stata progettata, deriva dalla sua immaginazione, e come per le altre attività artistiche, rappresenta «una forma radicale di ambiguità e creatività» che esprime quelle «possibilità illimitate» che ci attraggono e giocano una parte importante nel convincerci che valga la pena di continuare ad ascoltare musica.[77]

«L'espressione è un aspetto importante della musica. È il valore aggiunto di una *performance* e uno dei motivi per cui la musica sembra rivivere ed è interessante ascoltarla».[78]

Nell'esecuzione di un fraseggio che sia artisticamente convincente, e soprattutto in grado di comunicare delle emozioni in chi lo ascolta, bisogna tenere in considerazione una serie di fattori.

Come si può, infatti, comprendere l'espressività generale della composizione, le proporzioni di tempo, di dinamica, i cambi di agogica, la corrispondenza fedele di ciò che è stato scritto dal compositore e lo stile dell'epoca, se la successione dei suoni di una frase, sequenza o motivo musicale non suscitano in noi una risposta emotiva immediata che fornisca la comprensione del senso?

Nel linguaggio musicale la realizzazione dei suoni secondo l'idea espressiva del compositore, rimane, ancora oggi, un problema artistico molto vivo per gli interpreti.

---

[77] Citazione tratta da: John Paynter, *Suono e struttura: creatività e composizione musicale nei percorsi educativi*, tr. it., Giovanna Guardabasso (a cura di), Torino, EDT 1996, p.10. Cfr. anche Eric Clarke, in John A. Sloboda (a cura di), *Generative processes in music: the psychology of performance, improvisation and composition*, Oxford, Clarendon Press 1988, p. 24.

[78] Citazione tratta da: Renee Timmers, e Henkjan Honing, On music performance, theories, measurement and diversity, In *special issue on timing*, M. A. Belardinelli (ed.),*Cognitive Processing (International Quarterly of Cognitive Sciences)*,2002, 1-2, 1-19, p. 4, [tr. it., dal testo orig. in lingua inglese a cura dell'autore].

A tal proposito è utile ricordare le parole di Karol Mikuli, allievo di F. Chopin:

Chopin prestava particolare attenzione al fraseggio corretto. Spesso usava definire un brutto fraseggio nel modo seguente: *è come qualcuno che a malapena è riuscito ad imparare a memoria, un testo in una lingua sconosciuta, e non solo senza conservare la quantità naturale di sillabe, ma per di più fermandosi nel bel mezzo delle parole. Allo stesso modo, lo pseudo-musicista, attraverso il suo fraseggio barbaro, ci fa capire che la musica non è la sua lingua materna, ma un linguaggio a lui estraneo, incomprensibile a chiunque».[79]*

È abbastanza noto che Chopin fosse particolarmente esigente con i suoi allievi, e non transigeva su alcuni aspetti fondamentali riguardanti la tecnica pianistica, in particolare, sul modo corretto di "cantare" al pianoforte – a lui ispirato dal belcanto italiano – ma cionondimeno, è anche utile ricordare che «oggi si può suonare, non certo come Chopin, ma chopinianamente».[80]

Questo non vuol dire, affatto, che il raggiungimento dell'eccellenza nell'esecuzione musicale, implica trasformare i nostri allievi in virtuosi del pianoforte, cosa che, certamente, fa riferimento ad altre caratteristiche ed abilità esecutive, che risultano essere completamente avulse da quella che è l'espressività musicale ma, al contrario, più strettamente connesse con le doti tecniche intese come realizzazione di movimenti meccanici.[81]

Si vuole qui, infatti, dare una distinzione netta tra competenza tecnica e artistica: la prima funzionale e complementare alla seconda, la quale va ricondotta all'acquisizione di un qualcosa che va oltre l'abilità a rispettare la notazione musicale.

In effetti ci si può spesso imbattere in situazioni in cui pianisti, a fronte di una tecnica esecutivo-motoria trascen-

---

[79] Citazione tratta da: JEAN-JACQUES EIGELDINGER, *Chopin vu par ses élèves*, Neuchatel , A La Baconnière, 1979, p. 70.

[80] Citazione tratta da: GASTONE BELOTTI, *Chopin*, EDT, Torino, 1984, p. 118.

[81] Si veda la Lez. I p. 9 e cfr. gli es. *a* e *b* Lez. IV pp. 27-28.

dentale, risultino completamente "sciatti" da un punto di vista espressivo-comunicativo, e al contrario, pianisti con una tecnica esecutivo-motoria modesta ma con un grado di sensibilità artistico-espressiva maggiore, oltre che un alto grado di conoscenza e comprensione delle strutture grammaticali del linguaggio musicale, riescano ad essere più convincenti e comunicativi.

Questo per dire che l'insegnamento strumentale – cosa che sembra essere fin troppo ovvia – non dovrebbe mai ridursi a mera elencazione di gesti meccanici freddi e distaccati dal concreto contesto emotivo che li provoca ma, al contrario, preoccuparsi di stimolare ed accrescere quella sensibilità artistica che ogni individuo – chi più chi meno – possiede.

Grazie a Dio l'intelligenza e la sensibilità sono tra le principali doti caratteristiche che distinguono l'uomo da una macchina!

Ancora una volta facciamo nostre le parole scritte da S. Sorbi a tal proposito:

> si può programmare un computer affinché esegua un pezzo di musica in maniera tecnicamente precisa in termini di tempo e caratteristiche timbriche, ma queste esecuzioni suonano meccaniche e senza vita e hanno in genere minimo valore estetico.[82]

La musica, come è noto, ha una forte correlazione con la semiotica, dalla quale attinge gran parte delle sue risorse espressive e di significazione.

La significazione musicale si fonda su quelli che Stefani chiama "codici generali" o "codici di pratiche sociali".[83]

A tal riguardo, per onestà intellettuale, si ritiene di dover proporre, brevemente, un quadro generale delle diverse tendenze di studi musicologici che si sono sviluppate

---

[82] Citazione tratta da: SANDRO SORBI, op. cit., p. 19.
[83] Cfr. GINO STEFANI, *La competenza musicale*, Bologna, CLUEB 1982, pp. 12-13.

negli ultimi cinquant'anni circa, e che afferiscono, più o meno fedelmente, a due filoni principali di ricerca: da un lato – intorno agli anni Sessanta e Settanta – vi era la cosiddetta musicologia strutturalista e scientista influenzata massicciamente da queste tendenze semiotiche, dove si era prospettata l'ipotesi «che la musica potesse essere dotata delle stesse caratteristiche e studiata con la stessa scientificità con cui i linguisti trattavano la lingua». Fu, infatti, attraverso questo strutturalismo imperante che si cominciò a discutere riguardo a una seria correlazione della musica con la semantica; dall'altro lato – intorno agli anni Ottanta e Novanta – di tendenza radicalmente opposta e antiscientizzante, vi era l'ideologia "postmodernista" a cui afferiva, anche, quella che venne chiamata "new musicology", che si distingueva dalla musicologia che era ormai considerata obsoleta. Questo filone di ricerca – come si è detto – ideologicamente in posizione diametralmente opposta al precedente, ha avuto una tendenza "decostruzionista" «in virtù della quale nessuna interpretazione di un testo musicale può essere mai asserita come certa, non solo perché è sempre possibile trovare interpretazioni alternative e ugualmente attendibili, ma anche perché viene rifiutato l'antico principio in base al quale il compito dello studioso era quello di ricostruire le intenzioni espressive del compositore».[84]

Per ovvie ragioni di cui si è già ampiamente discusso, risulta quasi superfluo confermare che in questo saggio, la via che sceglie di intraprendere riguardo alle questioni dell'interpretazione musicale, si indirizza ideologicamente verso la prima corrente musicologica, se non altro perché si ritiene di voler confutare quell'idea – largamente diffusa in ambito della teoria musicale – secondo cui la musi-

---

[84] Cfr. MARIO BARONI, *L'ermeneutica musicale*, «*Dallo strutturalismo al decostruzionismo*», in Enciclopedia della musica, EINAUDI, Ed. Speciale per il Sole 24 Ore, Milano 2006, X ,«*Il sapere musicale*», pp. 633-635.

ca, essendo una forma d'espressione "astratta" e "universale", non avrebbe rimandi semantici, cioè non esisterebbe una correlazione tra suono-immagine-realtà.[85]

In linea con la prima corrente musicologica, di cui si è detto, a suffragare l'ipotesi di una stretta correlazione tra la musica, il linguaggio e la semiotica, inoltre, contribuiscono diversi studi condotti in ambito di psicolinguistica. In tale settore, infatti, particolare accento viene posto su quegli aspetti, cosiddetti, soprasegmentali del linguaggio, che afferiscono ad una caratteristica particolare che prende il nome di prosodia del linguaggio, ovvero, tutti quei tratti acustici dei fonemi della lingua che si possono studiare anche in ambito di acustica musicale: acutezza o altezza, intensità e durata. Ognuna di queste caratteristiche – nella musica così come nel linguaggio – conferisce un particolare aspetto ad un determinato elemento, che può essere, in entrambi i settori di studio, di natura linguistico-grammaticale o emotiva.[86]

Di cosa l'artista abbia bisogno per esprimere al meglio questo alto grado semantico che la musica possiede, in quanto arte di oggettivazione e immagine dell'intera volontà, che si riferisce «alla più interiore essenza del mondo e del nostro io», cioè «l'intimo essere, l'in-sé d'ogni fenomeno, la volontà stessa»,[87] ce lo dice ancora una volta F. Delalande:

> ...una capacità che distinguerà il buon musicista è quella di saper adoperare delle sottili differenze, nello stesso tempo al livello dei significati (sfumature di contenuti espressivi) e dei significanti (sapendo generare dei "caratteri" diversificati e tipizzati attraverso i parame-

---

[85] Questa è la definizione di musica fatta in: LUIGI ROSSI, *Teoria Musicale*, Bergamo, EDIZIONI CARRARA, 1977, p. 4.

[86] Cfr. ANDREA MARINI, *Elementi di psicolinguistica generale*, Milano, SPRINGER 2004, pp. 33-36.

[87] Cfr. ARTHUR SCHOPENHAUER, op. cit. pp. 286-287, 291.

tri sonori, utilizzati, non in modo disordinato, ma in configurazioni coerenti, rese coerenti dalla finalità espressiva».[88]

Una definizione generale e, in un certo senso, neutrale di espressione è che essa completa ciò che la scrittura lascia imprecisato. Questa è l'idea dell'espressione musicale vista come microstruttura, che consiste in grandi o piccole variazioni in termini di tempo, intensità, timbro, e altezza.[89]

Un importante contributo su questo punto è stato fornito da Bruno H. Repp, il quale ha pubblicato un interessante studio condotto su 28 registrazioni audio di una nota composizione di Schumann, effettuate da pianisti professionisti. Egli ha dimostrato come ogni interprete produce delle esecuzioni significativamente differenti dagli altri, soprattutto, in relazione ad alcune variazioni sull'andamento del tempo, attraverso costanti *ritardandi* alla fine delle più importanti sezioni della composizione.[90]

Ma quali conoscenze specifiche potrebbero risultarci utili per comprendere meglio quale sia l'occorrenza di tali elementi?

Sappiamo che l'inesauribile varietà di composizioni musicali, scritte secondo il sistema dell'armonia tonale, si basano, da secoli, sul modo maggiore-minore. Inoltre, ogni motivo, frase e periodo concepiti con tale sistema, sottintendono una struttura ben precisa e coerente sia dal punto di vista armonico, in quanto vengono costruiti mediante formule di cadenza che poggiano sulle principali funzioni armoniche di una tonalità, sia dal punto di vista formale, ovvero, secondo una "forma" stabilita, cioè la

---

[88] Citazione tratta da: FRANÇOIS DELALANDE, *Le condotte musicali: comportamenti e motivazioni del fare e ascoltare musica*, tr. it., GIOVANNA GUARDABASSO e LUCA MARCONI (a cura di), Bologna, CLUEB 1993, p. 123.

[89] Cfr. RENEE TIMMERS, e HENKJAN HONING, op. cit., p. 4.

[90] Cfr.BRUNO H. REPP, *Diversity and commonality in music performance: an analysis of timing microstructure in Schumann's "Traumerei"*, «Journal of Acoustic Society of America», 92, 1992, pp. 2546-68.

divisione in sezioni e l'organizzazione dei rapporti fra le varie sezioni, che come diceva Schönberg «significa che il pezzo è organizzato, e cioè costituito da elementi che funzionano come quelli di un organismo vivente».[91]

Non andrò a menzionare tutte le tipologie di tali formule cadenzali e formali, delle quali il lettore potrà trovarne innumerevoli esempi nella letteratura musicale. Si ritiene, invece, di dover puntare l'attenzione sull'importanza che tali elementi hanno nell'esecuzione di un fraseggio che sia corretto musicalmente ed artisticamente.

Essi, infatti, vanno ad incidere su diverse componenti del discorso musicale, che deve, necessariamente, essere inteso come consequenzialità *«logica e coerente»*[92] di eventi interconnessi. È indispensabile, infatti, saper individuare le varie sezioni di cui una data forma è costituita e le principali cadenze presenti nella composizione, per poter frazionare la stessa e sapersi orientare con i vari cambiamenti di dinamica, di tempo e di "respiro" alla frase.

Questo fa riferimento a quello che potremmo definire "l'abito" di cui una data forma è costituita: la sua struttura, cioè l'organizzazione interna in frasi e periodi, ovvero l'unione di più frasi, che per ritornare al paragone con il linguaggio, potremmo considerare la sua punteggiatura.

A proposito della grammatica musicale a cui si è fatto riferimento, essa va considerata sotto un aspetto più puramente funzionale allo scopo interpretativo di una composizione:

...la grammatica musicale sembra avere il funzionamento di un apparato il cui scopo è quello di costruire contesti musicali significativi o espressivi; in altri termini di creare agglomerati sonori che si

---

[91] Citazione tratta da: ARNOLD SCHÖNBERG, *Elementi di composizione musicale*, revisione di GERARD STRANG con la collaborazione di LEONARD STEIN, tr. it., GIACOMO MANZONI (a cura di), Milano, SUVINI ZERBONI 1969, p. 1.

[92] *Ibid.*

offrano all'attenzione degli ascoltatori per essere interpretati, per sollecitare la loro emotività, per produrre senso e apprezzamento. La grammatica può dunque essere intesa come un apparato funzionale alla significazione in quanto una delle sue più importanti motivazioni consiste appunto nel permettere la costruzione e l'interpretazione di aggregati sonori dotati di senso.[93]

Dal punto di vista di chi ascolta, infatti, la musica si presenta come una frequenza più o meno regolare di suoni che pervengono – nella migliore delle ipotesi – sotto forma di episodi che si sviluppano e si dissolvono nel tempo, e che definiscono l'intera lunghezza dell'opera. I singoli frammenti, frasi, temi, si spostano nella sfera della percezione emotivo-uditiva dell'ascoltatore in virtù della somiglianza con immagini o scene consequenziali.

È particolarmente interessante notare come la loro percezione uditiva abbia luogo *a posteriori*, in una frazione di tempo che scorre oltre il decadimento dei suoni appena sentiti. Sull'impronta di "percezione" retrospettiva si manifesta la prima risposta emozionale dell'ascoltatore, sulla quale si sovrappongono le eco delle frasi successive.

Qualcosa di simile si verifica quando si è seduti in uno scompartimento ferroviario in direzione opposta rispetto al senso di marcia, e dalla finestra si osserva un continuo cambiamento del panorama, con i suoi vari frammenti che percepiamo solo alla fine, nel momento in cui sono spariti dalla nostra vista.

Quanto appena esposto, fa riferimento a un altro aspetto importante che si ritiene utile dover sottolineare, e cioè quello che riguarda la costruzione degli elementi che concorrono alla costruzione del discorso musicale: le frasi.

Partiamo dal seguente assunto:

la frase è in musica quello che il verso è in poesia[...]. La sua caratteristica principale è quella di venir avvertita come un elemento

---

[93] Si veda: *Le regole della musica: indagine sui meccanismi della comunicazione*, MARIO BARONI, ROSSANA DALMONTE, CARLO JACOBONI (a cura di), Torino, EDT 1999, p. 31.

compiuto di pensiero musicale[...]. Essa è ciò che segna l'inizio e la fine di un dato elemento melodico, e anche il punto di partenza per quello successivo.[94]

Per quel che riguarda la musica tonale, si può rilevare che esse si basano su regole armoniche specifiche che afferiscono ai concetti di scala musicale e tonalità, oltre che su strutture metriche ben precise. Rimane da verificare come queste vengono organizzate in funzione di tali elementi.

È comunemente accettato che ogni frase può essere suddivisa in tre parti: un inizio, corrispondente generalmente all'inciso che inizia sul tempo forte della battuta – ma che può anche essere preceduto da anacrusi[95] – costruito sull'armonia del primo grado della scala, e che coincide con l'esposizione del materiale tematico; la parte centrale di sviluppo affermativo o negativo dei materiali dell'inciso del tema, costruita sulle armonie degli altri gradi della scala e sui diversi tempi delle battute successive; una conclusione, che coincide, nella stragrande maggioranza dei casi, con il punto di maggior tensione emotiva, dove troviamo una cadenza costruita, ovviamente, sulla dominante, che serve da *trait d'union* per la frase successiva, che troveremo nuovamente – salvo le eccezioni – sul primo grado.

Come si è visto negli esempi tratti dagli studi condotti da Repp, i musicisti professionisti prestano particolare attenzione a questi diversi elementi impliciti nel continuo evolversi del materiale musicale, apportando le dovute modifiche a taluni parametri rigidamente imposti dalla scrittura, in modo tale da poter rendere più chiara la com-

---

[94] Citazione tratta da: WALTER PISTON, *Armonia*, ed. riveduta e ampliata, MARK DEVOTO (a cura di), ed. it., GILBERTO BOSCO, GIOVANNI GIOANOLA, GIANFRANCO VINAY (a cura di), Torino, EDT 1989, p. 96.

[95] Si veda ad esempio l'inizio del Notturno in Mib Magg. Op. 9 n. 2 di Chopin.

prensione dei diversi "quadri" di cui una determinata opera è formata.

Secondo quanto riportato nelle diverse considerazioni fatte in questa lezione, relativamente a tale importantissimo aspetto dell'esecuzione strumentale – ovvero l'espressività – si può arrivare a formulare la seguente considerazione finale: uno dei primi compiti dell'insegnate particolarmente attento, che si preoccupa di rendere lo studente consapevole delle scelte interpretative da adottare nell'esecuzione di un'opera musicale, sarebbe quello di rendere, lo stesso, consapevole di questa organizzazione interna di cui ogni composizione è costituita. Solo in tal modo, infatti, si potrà dare una forma intelligibile alla propria interpretazione, in modo tale che il contesto ritmico e agogico, dinamico ed espressivo delle varie parti di cui il pezzo è composto, risulti correttamente e coerentemente armonizzato con la significazione emotiva del messaggio implicito nel testo, che bisogna comunicare.

VII

SUONARE IL PIANOFORTE NON È UNA QUESTIONE DI FORZA FISICA!

Signora Madre, a lezione l'insegnante, la violinista Lucrezia, ha detto alla giovane ricca di metterci più impeto.
- Più cosa? – ha domandato la ragazza.
- Impeto, impeto.
- Che cos'è l'impeto?
- La forza.
- Devo spingere con il braccio?
- No, è...
- Così?
Lucrezia è sbottata: – È una forza, sì, ma anche una forza del sentimento, non solo dei muscoli![96]

TIZIANO SCARPA

---

[96] Citazione dal Romanzo di: TIZIANO SCARPA, op. cit., pp.112-113.

Lez. VII: Il problema del "suonare aritmicamente": niente sforzi!

All'interno di questo passo, tratto dal romanzo di Scarpa a cui si è fatto riferimento precedentemente, possiamo individuare, ancora una volta, un messaggio importante, che collima, perfettamente, con quello che sarà il tema principale in questa lezione, ovvero, la forza fisica.

Si ritiene di dover sottolineare che essa non è, in genere, inerentemente funzionale né allo scopo esecutivo, poiché suonare uno strumento come il pianoforte non è una questione di forza fisica che occorre impiegare, né allo scopo interpretativo, dal momento che le idee creative che bisogna estrinsecare in un'esecuzione, tutto sommato, non sono talmente pesanti da richiedere un impiego dei muscoli!

Esamineremo, in dettaglio, come l'utilizzo della forza fisica, al contrario, è talmente deleterio da creare dei forti disagi sia in termini di correttezza esecutiva, che in termini di "sofferenza" fisica; in particolare, vedremo come, quest'ultimo fattore, con il tempo, potrà ingenerare delle vere e proprie patologie croniche.

Ma perché doversi concentrare al massimo nel far sì che tali disturbi si manifestino?

In fondo, il suonare lo strumento, deve poter ingenerare del piacere e non, al contrario, dispiacere, altrimenti che suoniamo a fare!

Il termine "suonare aritmicamente", in senso lato, contiene una serie di situazioni tipiche, delle quali i sintomi sono così noti, che non andremo a descriverli nel dettaglio. Cercheremo, tuttavia, di riuscire a presentare alcune delle cause di questo fenomeno, che è fonte di tanti disagi e mette a dura prova gli insegnanti.

Ritengo che spiegare la mancanza in un'esecuzione del senso di pulsazione ritmica costante e regolare come effetto di inadeguatezza del senso ritmico interno e di carenza a livello uditivo, sarebbe troppo semplicistico, oltre che eccessivo.

Un'attenta osservazione dello studente e del funzionamento dell'apparato fisico che presiede alla produzione del suono e l'ascolto della musica che sta eseguendo o cercando di suonare, porta a fare diverse ipotesi riguardo la natura delle sue difficoltà nel far fronte al problema del tempo musicale.

Ecco quali potrebbero essere alcuni dei motivi di tali difficoltà:

a) incomprensione delle relazioni aritmetiche presenti in una formula ritmica e la relativa impostazione e posizione errata delle braccia rispetto all'andamento metrico che tale formula suggerisce;

b) incapacità di associare lo schema ritmico di una data formula tecnica – teoricamente consapevole – con la realizzazione del suo movimento (scuola Dalcroze insostituibile!);

c) mancanza di sensibilità e comprensione del senso del brano. Lo studente più completo, infatti, sente e comprende il senso musicale e il lessico del tema, frase o periodo, e sa bene, ad esempio, come far cadere gli accenti forti e deboli, che gli permettono di trovare e attuare la chiarezza metrica e ritmica;

d) l'eccessiva, contemporanea e sostenuta tensione di opposti gruppi muscolari (antagonisti) mentre si suona, è uno degli errori e delle abitudini più pericolose, poiché ha impatti negativi anche sulla corretta esecuzione ritmica, oltre che causare un aumento di tensione muscolare, provocando disturbi di tipo motorio.

Con riferimento a quest'ultimo esempio, pur tuttavia volendo evitare delle inutili digressioni relativamente all'argomentazione principale di questa lezione – come si è detto – preme sottolineare un aspetto molto importante che attiene alla sintomatologia più diffusa collegata a tali disturbi. Essa è oggi conosciuta come: "Sindrome Fibromialgica", che scientificamente significa: dolori diffusi nei muscoli e nelle strutture connettivali fibrose (legamenti e tendini), affaticamento, sonnolenza, disturbi cognitivi ed emotivi, che portano un alto livello di disabilità ed una scarsa qualità della vita.[97]

Ritornando alle nostre considerazioni specificamente attinenti all'ambito musicale, possiamo a questo punto nuovamente ricordare le parole scritte da György Sándor, che ci fanno comprendere quale sia il corretto utilizzo del nostro apparato fisico:

[...]suonare il pianoforte non è una questione di forza e di resistenza muscolare. Noi abbiamo a nostra disposizione un sistema muscolare alquanto complesso. Taluni muscoli sono piccoli e deboli, fatti per un lavoro di precisione, altri sono invece forti e potenti. Se riusciamo ad attivare nel giusto modo questi muscoli più grandi, non avremo bisogno di sforzare quelli piccoli. Dobbiamo pertanto acquisire la coordinazione necessaria ad usare adeguatamente il nostro sistema muscolare, e a suonare sempre senza fatica, indipendentemente dalla difficoltà e dalla complessità dei vari passaggi che dobbiamo eseguire.[98]

Secondo quanto abbiamo appena riportato, quindi, possiamo arrivare ad una semplice conclusione: lo studente non deve in alcun modo solidificare quelle cattive abitu-

---

[97] Cfr. *International Journal of Immunopathology and Pharmacology*, IXX, n. 1, pp. 5-9, 2006, Review Article, *Fibromyalgia – New concepts of Pathogenesis and Treatment*.
[98] Citazione tratta da: GYÖRGY SÁNDOR, op. cit., Cap. III, p. 38, (*Coordinazione e non incremento muscolare*).

dini nello studio attraverso taluni metodi di esercizio ten-
denti al rafforzamento dei muscoli, e che inevitabilmente
portano ad un irrigidimento di tutto l'apparato preposto
alla produzione del suono, poiché, questo, va ad influire
negativamente, anche contro la propria volontà, non solo
sulle qualità generali della sua esecuzione in termini di
scoordinamento ritmico-metrico, brillantezza, capacità
espressiva e bellezza del suono ma anche in termini di
sofferenza fisica in seguito ad irrigidimento, ottundimento
e dolore, che a suo tempo faranno insorgere disturbi cro-
nici e l'infiammazione del tendine, che obbligherà a smet-
tere di suonare per lunghi mesi!

A far degenerare le cose, contribuisce – oltre
l'ignoranza delle vere cause di queste anomalie sul ritmo
delle figurazioni e sulla qualità generale dell'esecuzione –
anche la ferma volontà di superare tale situazioni.

La concentrazione e la tensione, infatti, acuiscono la
tendenza alla contemporanea contrazione dei muscoli antagonisti intensificando la sindrome fatale.

Pertanto, la mancanza di naturalezza e di libertà nel
suonare lo strumento, sinonimo di eccessiva tensione pro-
lungata ed esercizio fisico, è la causa della difficoltà di
mantenere un tempo regolare e una corretta applicazione
delle formule ritmiche.

La garanzia per la giusta soluzione di ogni problema
ritmico durante la pratica, è certamente la mancanza di
problemi tecnici, oltre che la capacità di trasportare razio-
nalmente le proporzioni aritmetiche di lunghezza delle
singole note, ad un armonioso insieme di movimenti ese-
cutivi automatici.

A tal proposito esistono due tipi di soluzioni che inci-
dono positivamente sul controllo di queste problematiche
specificamente attinenti alla regolarità del tempo e del
ritmo durante un'esecuzione:

   1. far ascoltare allo studente – o meglio sentire con

attenzione – ciò che suona secondo la propria rappresentazione dell'immagine sonora dei suoni, in modo tale che il risultato di ciò che esegue, sia il più vicino possibile alle intenzioni del compositore, come espresso dalla notazione musicale della composizione. A tale scopo giova sicuramente suggerire l'ascolto frequente di pregevoli esecuzioni fatte da grandi pianisti, i quali hanno contribuito a tramandare, attraverso la loro arte ed uno studio attento dell'opera anche da un punto di vista filologico, l'idea del compositore. Allo stesso tempo, è anche utile far effettuare delle proprie registrazioni di un'esecuzione, che permettono di poter ascoltare in modo auto-critico il lavoro compiuto e mettere in atto, le dovute auto-valutazioni ed, eventualmente, le correzioni del caso;

2. mentre si suona, è necessario avvertire una sensazione di *confort* ed un'estrema facilità nel realizzare i gesti che si sono assimilati nel lavoro con una determinata opera e, dopo aver fatto una selezione dei modi tecnici di esecuzione più adatti alla corretta riuscita del frammento, tema o intera composizione, bisogna scartare quelli inadatti.

Quanto riportato in questi due ultimi punti, ruota attorno alla questione dell'*ear-training* permanente, qui, sì, inteso come una vera e propria "palestra", ma delle orecchie, poiché permetterà di assimilare – quindi, di familiarizzare sempre meglio – con tutti gli aspetti del ritmo, del rapporto di altezza tra i suoni e con la comprensione delle funzioni armoniche presenti nell'opera, senza i quali, sicuramente, gli elementi di tempo e di agogica non potranno mai essere pienamente integrati nell'immagine sonora delle opere musicali.

Il costante sviluppo della fantasia musicale dello studente, che deve essere accompagnato da risorse sempre più complete di misure tecniche adeguate, è un prerequisito fondamentale per lo sviluppo armonico delle sue capacità strumentali e della personalità artistica.

Lo squilibrio tra la sfera della fantasia musicale e le possibilità della sua attuazione, ovvero la tecnica, diventa sempre un motivo di difficoltà e fallimento, anche negli individui di maggior talento. Questi fallimenti, di solito, si fanno sentire in maniera molto sensibile, – relativamente al campo della psicologia della musica – anche nell'organizzazione del processo di sviluppo del tempo musicale.

Soprattutto però, la mancanza di obiettivi artistici chiaramente definiti, contrasta con i fondamenti della tecnica esecutiva, costituendo un motivo sufficiente del "suonare aritmicamente" su qualsiasi strumento musicale.

CONCLUSIONI

Giunti al termine del lavoro, bisogna ammettere che è stata impresa affatto semplice, quella di affrontare una così delicata argomentazione, in modo tale che fosse sempre coerente con il presupposto ideologico di base su cui si è tentato di intavolare le riflessioni metodologiche: cioè un possibile dialogo tra la didattica musicale e l'insegnamento della tecnica strumentale pianistica, entrambi inseriti nell'ambito di una relazione educativa complessa quale può essere quella rappresentata dalla formula maestro-allievo. Si è cercato di dare a tale aspetto una connotazione di carattere pedagogico-musicale, poiché si è ritenuto di dover confutare quell'idea – molto diffusa in taluni ambienti di alta formazione strumentale – che vede l'apprendimento musicale in generale, ma più specificamente quello strumentale, appannaggio dei soli individui di talento o in possesso di doti extra-naturali.

Traendo spunto da riflessioni pedagogiche già consolidate nell'ambito dell'educazione musicale, si è cercato di vedere se fosse plausibile trasporre tali concetti in ambito di didattica strumentale.

All'inizio, infatti, si era posto l'interrogativo se un impianto metodologico di questo tipo potesse ben sposarsi con la natura più inerentemente tecnica dell'argomento: l'apprendimento di tutte quelle maestranze e tecnicismi afferenti allo studio della tecnica pianistica, con l'approccio pedagogico dell'insegnante-musicista che mette al centro della propria indagine, la centralità del soggetto che apprende, visto non come un vaso che l'insegnante deve riempire, secondo una concezione che

Paulo Freire chiama "depositaria" o "bancaria",[99] bensì come un individuo portatore di un bagaglio di conoscenze e abilità che l'educatore deve essere in grado di far fiorire, sviluppare e non ostracizzare.[100]

Il lettore particolarmente attento potrebbe, tuttavia, rilevare che tali presupposti metodologici non risultino congruenti con l'impostazione del presente saggio in singole lezioni – dove vengono proposti consigli ed esempi di attività da svolgere sulle principali problematiche inerenti alla tecnica pianistica – poiché si potrebbe, appunto, contestare la meccanicità e rigidità delle stesse.

Cosciente di tale rischio, in cui potevo incorrere, ho scelto di far precedere le singole lezioni da un macrotitolo, corredato da opportune citazioni ad argomenti o autori che bene potevano racchiuderne il presupposto di base per la trattazione dell'argomento successivo.

Si voleva, inoltre, cercare di comprimere al massimo una trattazione che, per sua natura, avrebbe richiesto la redazione di centinaia di pagine, data la sua complessità e vastità. Ma non era lo scopo precipuo di tale scritto annoiare il lettore con dissertazioni macroscopiche!

Forse, si poteva approfondire meglio qualche aspetto riguardante le implicazioni di natura più puramente psicologica di tale relazione educativa, che qui, invece, si è ritenuto di non dover trattare nello specifico, se non *en passant*, dando qualche riferimento a studi e argomentazioni svolte da esperti del settore. Si è pensato, infatti, di puntare l'attenzione sulla figura dell'insegnante che – come si è detto – è la figura, in qualche modo, responsabile dello sviluppo armonioso dell'allievo, svestendolo del suo abito di *Deus ex machina* che, dall'alto del suo trono, detiene lo

---

[99] Cfr. PAULO FREIRE, *Pedagogia do oprimido*, Rio de Janeiro, PAZ E TERRA 1970, tr. it., *La pedagogia degli oppressi*, LINDA BIMBI (a cura di), Milano, MONDADORI 1971, p. 82.

[100] Cfr. con quanto affermato in premessa alla p. XIV, e nella Lez. I, pp. 10-12.

"scettro" – ovvero il metodo – in funzione del quale ritiene legittimo prendere decisioni di qualunque natura, anche se queste si dovessero rivelare fallimentari o distruttive.

L'auspicio di partenza era anche quello di riuscire a "spogliare" la tecnica dalla sua meccanica e naturale freddezza, vestendola di un abito più umano: solo l'insegnante particolarmente attento e sensibile potrà essere in grado di sceglierne i giusti abbinamenti, considerando, sempre, che il soggetto che tali abiti dovrà vestire deve poter avere la possibilità di misurarli su se stesso prima di doverli indossare.

Se tali obiettivi sono stati raggiunti o meno, rimando al giudizio personale del lettore a cui tale scritto è rivolto, il quale, come si è detto, potrà certamente trovare dei punti oscuri nella trattazione che, oltremodo, potrebbero dare lo spunto necessario a riflessioni future; tuttavia, le conclusioni che egli, in quanto musicista colto e sensibile, potrà trarre da queste osservazioni sembrano essere abbastanza ovvie: la realizzazione personale – nel proprio lavoro così come nell'insegnamento – rimane una questione di "coscienza", oltre che di conoscenza e cultura musicale specifica.

Il compito del quale si è investiti ci mette nelle condizioni di dover andare ben oltre una concezione egocentrica dell'insegnamento, poiché la funzione che si riveste è come una *missione* che bisognerà compiere, e se le singole "pietre miliari" che propiniamo sono come dei pesantissimi macigni che incombono sulla testa dell'altro, allora la nostra sarà una missione completamente fallita!

SALVATORE MIRENDA

BIBLIOGRAFIA

ADLER Alfred, *La Psicologia Individuale nella scuola*, a cura di Gastone Canziani, titoli originali: *Individualpsychologie in der Schule, The Education of Children*, tr. it. Elvira Lima e Adriana Piperno, Roma, NEWTON COMPTON 2003, pp. 26-27.

ANDREANI DENTICI Ornella, *Intelligenza e Creatività*, Le Bussole/IXXX, 2 ed. Roma, CAROCCI EDITORE 2004, pp. 128-129.

BARONI Mario, DALMONTE Rossana, JACOBONI Carlo, *Le regole della musica: indagine sui meccanismi della comunicazione*, Torino, EDT 1999, p. 31.

—, *L'ermeneutica musicale*, «*Dallo strutturalismo al decostruzionismo*», in Enciclopedia della musica, EINAUDI, Ed. Speciale per il Sole 24 Ore, Milano 2006, X ,«*Il sapere musicale*», pp. 633-635.

BARTOLINI Donatella, *La frammentazione del senso musicale: l'apprendimento strumentale tra linearità e complessità*, in «*Quaderni della SIEM*», s. Didattica XVIII, Torino, EDT 2002, p. 57, (*Per una gradualità non lineare*).

BEE Helen, *The developing child*, tr. it., *Lo sviluppo del bambino*, a cura di Giovanna Grandi, Bologna, ZANICHELLI 1983, pp. 140-142.

BELOTTI Gastone, *Chopin*, EDT, Torino, 1984, p. 118.

BLACKING John, *Com'è musicale l'uomo*, Milano, UNICOPLI 1986, p. 33.

CLARKE Eric, in John A. Sloboda (a cura di), *Generative processes in music: the psychology of performance, improvisation and composition*, Oxford, CLARENDON PRESS 1988, p. 24.

COLMAN Andrew M., *A Dictionary of Psychology*, Oxford University Press, 2006.

DAUPHIN Claude, *Didattica della Musica nel '900*, in Enciclopedia della musica, EINAUDI, Ed. Speciale per il Sole 24 Ore, Milano 2006, X *«Il Sapere Musicale»*, parte Quinta, p. 785, *(Il concetto di Metodo Attivo)*.

DELALANDE François, *Le condotte musicali: comportamenti e motivazioni del fare e ascoltare musica*, tr. it., a cura di Giovanna Guardabasso e Luca Marconi, Bologna, CLUEB 1993, p. 123.

— *La musica è un gioco da bambini*, (tit. originale: *La Musique est un jeu d'enfant*), 3. ed., a cura di Maurizio Disoteo, tr. it., Giovanni Curti, Milano, FRANCOANGELI Editore 2004, p. 15.

DELFRATI Carlo, *Orientamenti di pedagogia musicale: scritti 1966-1986*, Milano, RICORDI 1989, p. 133.

DELLA CASA Maurizio, *Educazione Musicale e Curricolo*, Bologna, ZANICHELLI 1985.

EIGELDINGER Jean-Jacques, *Chopin vu par ses élèves*, Neuchatel , A La Baconnière, 1979, p. 70.

EINSTEIN Albert, *Il mondo come io lo vedo*, tr. it., a cura di Walter Mauro, Roma, NEWTON COMPTON 2010, p. 31.

FREIRE Paulo, *Pedagogia do oprimido*, Rio de Janeiro, PAZ E TERRA 1970, tr. it., *La pedagogia degli oppressi*, a cura di Linda Bimbi , Milano, MONDADORI 1971, p. 82.

FRESCHI Anna Maria, *Insegnare uno strumento, Riflessioni e proposte metodologiche su linearità/complessità,*

«*Quaderni della SIEM*», s. Didattica XVIII, Torino, EDT 2002, p. VII.

LUCAS H. J., BRAUCH C. M., SETTAS L., THEOHARIDES T. C., Review Article: *Fibromyalgia – New concepts of Pathogenesis and Treatment*, in *International Journal of Immunopathology and Pharmacology*, IXX, n. 1, Pescara, BIOLIFE 2006, pp. 5-9

MALAGUZZI Loris, *I cento linguaggi dei bambini, l'approccio di Reggio Emilia all'educazione dell'infanzia*, a cura di C.Edwards, L.Gandini, G.Forman, Bergamo, EDIZIONI JUNIOR 1999, p. 80.

MARINI ANDREA, *Elementi di psicolinguistica generale*, Milano, SPRINGER 2004, pp. 33-36.

MAZZONI Giuliana, *L'apprendimento*, «*L'approccio cognitivista*», «*Una definizione di apprendimento: apprendimento come cambiamento*», in: *I processi cognitivi*, a cura di Remo Job, 5. ed., Roma, CAROCCI EDITORE 2005, pp. 314- 315.

MERRIAM Alan P., *Antropologia della musica*, Palermo, SELLERIO EDITORE 1983, p. 45.

NIETZSCHE Friedrich W., *Il Crepuscolo degli idoli o Come si filosofa col martello*, tit. orig., *Götzen- Dämmerung oder Wie man mit dem Hammer philosophirt*, 5 ed., tr. it., a cura di Mirella Ulivieri, Roma, NEWTON COMPTON 2004, p. 132.

NEUHAUS Heinrich, *riflessioni, memorie, diari*, tr. it., a cura di Valerij Voskobojnikov con la collaborazione di Romeo Ceccarelli Paxton, Palermo, SELLERIO EDITORE 2002, (*La nuova diagonale*), 41, p. 311.

O'NEIL Susan A., *The role of practice in children's early musical performance achievement*, in H. Jorgensen & AC Lehmann (a cura di), *Does Practice Make Perfect? Cur-*

rent Theory and Research on Instrumental Practice, Oslo, NORGES MUSIKKHOGSKOLE 1997, pp. 53-70.

PAYNTER John, *Suono e struttura: creatività e composizione musicale nei percorsi educativi,* tr. it., a cura di Giovanna Guardabasso, Torino, EDT 1996, p.10.

PIAGET Jean, *Lo sviluppo mentale del bambino e altri studi di psicologia,* tr. it., a cura di Elena Zamorani, PICCOLA BIBLIOTECA EINAUDI, Torino 2000, pp. 15-16.

PISTON Walter, *Armonia,* ed. riveduta e ampliata, a cura di Mark DeVoto, ed. it., a cura di Gilberto Bosco, Giovanni Gioanola, Gianfranco Vinay, Torino, EDT 1989, p. 96.

REPP Bruno H., *Diversity and commonality in music performance: an analysis of timing microstructure in Schumann's "Traumerei",* «Journal of Acoustic Society of America», 92, 1992, pp. 2546-68.

ROSSI Luigi, *Teoria Musicale,* Bergamo, EDIZIONI CARRARA, 1977, p. 4.

ROSSINI Marisa, *Primo non nuocere ovvero professione insegnante,* Roma, Armando 1988.

SÁNDOR György, *Come si suona il pianoforte: Movimento, suono ed espressione,* 6 ed., tr. it., a cura di MariaRosa Montepilli, Milano, RIZZOLI Aprile 2000, p. 10.

SCARPA Tiziano, *Stabat Mater,* Torino, EINAUDI 2008, pp. 95-96.

SCHOPENHAUER Arthur, *Parerga e Paralipomena,* a cura di Mario Carpitella, tr. it., Mazzino Montinari, Eva Amendola Kuhn, Milano, GLI ADELPHI 1998, p. 568.

— *Il mondo come volontà e rappresentazione,* tr. it., a cura di Paolo Savj-Lopez e Giuseppe De Lorenzo, introduzione ed. it., Cesare Vasoli, 12. ed., Roma, Bari, BIBLIOTECA UNIVERSALE LATERZA 2006, pp.224-225.

SCHÖNBERG Arnold, *Elementi di composizione musicale*, revisione di GERARD STRANG con la collaborazione di LEONARD STEIN, tr. it., a cura di Giacomo Manzoni, Milano, SUVINI ZERBONI 1969, p. 1.

SENECA Lucio Anneo, *Lettere morali a Lucilio*, trad. it., FERNANDO SOLINAS (a cura di), Milano, MONDADORI 1995, I, 12, 10.

SLOBODA John A., *La mente musicale: psicologia cognitivista della musica*, ed. it., a cura di Riccardo Luccio, tr. it., Gabriella Farabegoli, Bologna, IL MULINO 1988, pp. 387-388.

SORBI Sandro, *Come fa il cervello ad apprendere atti motori complessi?*, in «*Quaderni della SIEM*», s. Didattica XVIII, Torino, EDT 2002, p.17.

SPACCAZZOCCHI Maurizio, *Per una pedagogia dei bisogni dell'uomo in musica*, (La figura dell'educatore nel progetto pedagogico uomo-musica), in *Pedagogia della Musica: un panorama*, a cura di Mario Piatti, Bologna, CLUEB 1994.

STEFANI Gino, *La competenza musicale*, Bologna, CLUEB 1982, pp.12-13.

TAFURI Johannella, *L'educazione Musicale. Teorie, Metodi e Pratiche*, Torino, EDT 1995.

TANEDA Naoyuki, SEITZ Ruth, *Hören und spielen*, 3 voll., Mainz, SCHOTT'S SÖHNE 1993.

TIMMERS Renee, e HONING Henkjan, *On music performance, theories, measurement and diversity*, In *special issue on timing*, M. A. BELARDINELLI (ed.),*Cognitive Processing (International Quarterly of Cognitive Sciences)*,2002, p. 4.

TITON Jeff Todd, *Worlds of Music: An introduction to the Music of the World's Peoples*, New York, SCHIRMER

BOOKS 1984, tr. it., *I Mondi della Musica. Le Musiche del Mondo*, a cura di Tullia Magrini, Bologna, ZANICHELLI 2003.